暮らしのなかの左右学

小沢康甫 著

東京堂出版

舞楽・蘭陵王
左舞で，舞人は赤い装束
（宮島・厳島神社，2008 年）

舞楽・延喜楽
右舞で，緑の装束をつける（宮島・厳島神社，2008 年）

ハイビスカスの花
花弁が左回り。右回りもある

男女双体の道祖神
天保 4 年（1833）の銘。京雛の並び方と同じ
（長野県穂高町〈現・安曇野市〉，1996 年）

豪徳寺の招き猫
すべて右手をあげている
（東京都世田谷区，2007 年）

出雲大社拝殿のしめ縄
向かって左の端が「ないはじめ」
（島根県出雲市，2007 年，2013 年５月までは大遷宮のため御仮殿）

近鉄難波駅
（現・大阪難波駅）
エスカレーターでは右に立つ（2007 年）

JR 京都駅ビル
エスカレーターでは左立ちのほか右立ちも（2007 年）

五箇山合掌造りの障子
２枚組みは右手前
（富山県南砺市相倉，2008 年）

はじめに

振り返ってみると、長い期間にわたり、「左右」という名のモノサシを手に世間を眺めてきたものだ。

道端の蔓草《つるくさ》を見ればその巻き方を確かめ、喫茶店ではコーヒーカップの取っ手の向きが気になり、デパートに行けば屋上に上がってメリーゴーラウンドの回転方向を観察し、旅先の神社では社殿にかかるしめ縄の両端を見比べる――。ざっと、こんな調子である。

さらに、書店に並ぶ本の背表紙に「左右」がうたってあるだけで、胸がざわつく。ついつい、なけなしの金をはたいてしまう。随分、無駄遣いをしたかもしれない。しかし、嗜好品に手を出すよりも安上がりと決め込んで、買い求めてきた。

病膏肓《やまいこうこう》とはこのことかと、われながら呆れつつも、「左右探究」を両脇に抱えて歩んできた道のりが懐かしく思われる。

*

左右はあらゆるジャンルに及ぶ。到底、一人でさばき切れる相手ではない。しかし、浅学非《せんがくひ》才《さい》を顧みず、あえて苦手な分野にも好奇心をたぎらせて突き進んだ。左右は魔法のスパイスだ。未知の領域に、ひと振りするだけで、たちまち味見をしたくなる。この積み重ねで、いつしか雑食の快楽に浸るようになった。左右にのめりこんだのも、脳内の異種混合、攪拌《かくはん》が心地よいからである。

本書はそうした左右の醍醐味を独り占めにするのはもったいないと思い立ち、筆をとったものである。もとになったのは、同人誌に五〇回にわたり連載したエッセー「右か左か……」。紙数の制限でそのときは割愛した資料やエピソードを今回、ふんだんに盛り込んだ。さらに新たな取材もしたうえで、大幅に加筆した。

本書が成るにあたって、先学の研究に負うところは大であるが、普段、見過ごされている左右をできるだけ取り上げ、可能な限り独自の味付けをしたつもりである。見て楽しめるよう写真や図版も適宜、入れた。拙文の補いになれば幸いである。なお、写真については特に断りのない限り、わたしの撮影である。

タイトルは編集者と協議して「暮らしのなかの左右学」とした。なかには宇宙や海洋の話題もあるが、身近なモノやコトを手がかりに、深くボーリングすることでその奥行きをあぶりだそうと努めた。読み進むにつれ、左右を切り口にすれば、分野をつなぐ、思いがけない地下水脈があることにも気づいていただけるはずだ。

＊

前口上がやたら長いのは野暮というもの。早速、左右の沃野《よくや》に足を踏み入れてみよう。多品種が繁茂する有様に戸惑いを覚える方がいらっしゃるかもしれないが、眩暈《めまい》の感覚こそが左右探索の魅力。何がしかの収穫があなたの手にもたらされたら、こんなに嬉しいことはない。

では、ご一緒に、右往左往のはるかな地平へ……。

二〇〇九年八月一日

小沢　康甫

暮らしのなかの左右学◉目次

目　次

第一章◉暮らしのなかの左右

1 右前・左前……日本人の衣服の変遷

江戸の川柳に次のように詠まれている。

大違ひ　左り団扇と　左り前

ありのままを表した句だが、なるほど、同じ「左」でも暮らし向きには天と地の開きがある。この場合の「左前」は経済的に苦しい様子をいう。

衣服でいう左前の「前」は手前のことで肌に近い方を指す。左前は左の襟《えり》を手前にして、その上に右の襟を重ねる着方で、その逆が右前。

和服は男女とも右前だが、死装束は左前にする。* 不吉につながる左前。そこから物事が思うようにいかなくなったり、金回りが悪くなったりする意味に転用された。

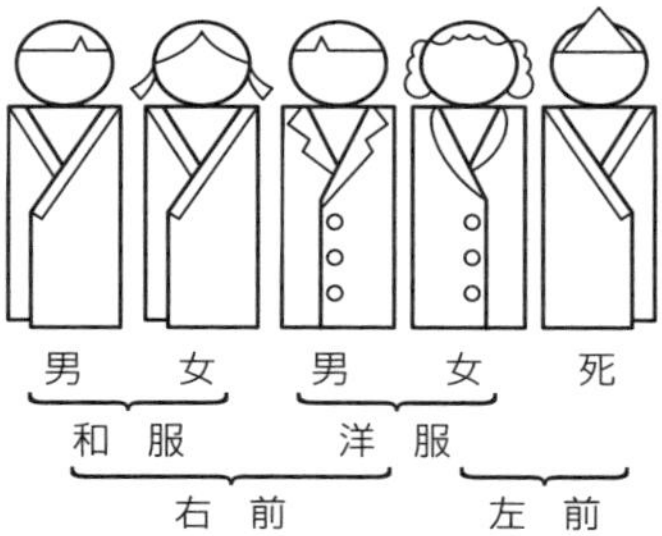

衣服の襟合わせ（松本修身『「アベコベ」文化論』学生社，1992，14頁をもとに作成）

騎射（広島県安芸太田町の流鏑馬神事）

高松塚古墳（西壁北側）の女性
（『飛鳥資料館案内』45頁，明日香村教育委員会蔵，写真提供：便利堂）

深作光貞氏（一九八三）によると、前開き型衣服の襟合わせを指す「右前・左前」の表現は江戸時代に生まれたという。その前は右衽《うじん》・左衽《さじん》という中国渡来の言葉を使っていた。衽の「壬」は中に入れこむ意味で、衽は内側に入れこむ衣の部分（襟）をいう（藤堂明保ほか、二〇〇七）。したがって、右衽といえば右の襟を内側に入れる着方。

なお、和服の場合、衽は「おくみ」と読み、襟から褄《つま》に至る細長い布を称す。

いわゆる〝飛鳥美人〟で知られる奈良県明日香村・高松塚古墳（七世紀末～八世紀初め）の壁画。そこに描かれている男女各八人のうち、襟もとの判明している衣服はいずれも左衽である（佐原真、二〇〇五）。

また、高松塚と同じころ築かれたキトラ古墳（明日香村）の壁画からは、左衽のトラの獣頭人身像《じゅうとうじんしんぞう》が見つかった。さらに、古墳時代の人物埴輪は男女の衣服の多くが左衽である。では、古代日本の左衽はどこからきたのか？

古代中国の周辺には匈奴《きょうど》・鮮卑《せんぴ》などの遊牧騎馬民族が住み、代々の王朝を脅かしていた。かれらの衣服（胡服《こふく》）は騎乗に都合のいいズボンと筒袖の上着で、しかも左衽。その西方、南ロシアで栄えた世界最古の遊牧騎馬民族・スキタイ（前八世紀～）も左衽だった。どうやら、スキタイの風習が胡服の襟合わせに影響を及ぼしたようだ（松本修身、一九九二）。

騎馬民族の左衽は馬上から矢を射る「騎射《きしゃ》」に由来する。右利きを想定すると、左手で弓を持ち、右手で矢をつがえて弦を引きしぼる。矢を放ったとき、右衽にしていると、弦が射手《いて》の上着の合わせ目に引っかかる。左衽ならその心配がない。

一方、中国・漢民族は左衽を未開民族の習慣としてさげすみ、古代から右衽を正規としてきた。孔子（前五五一～前四七九）の語録には右衽を中国の伝統と捉《とら》えた一節がある。『論語』憲問篇《けんもんへん》で、春秋時代、斉《せい》の宰相だった管仲《かんちゅう》（？～前六四五）をこう称賛している。

管仲微《な》かりせば、吾れ其れ髪を被《こうむ》り衽《じん》を左にせん

「もし管仲がいなかったならば、われわれは（異民族の支配を受け、その風俗を押しつけられて）髪をふりみだし、左前に着物を着ていたことであろう」（井波律子、二〇〇四）

埴輪盛装男子像（群馬県太田市由良出土，6～7世紀，東京国立博物館蔵 Image:TNM Image Archives）

続く戦国時代には七雄の一つ、趙《ちょう》の武霊王《ぶれいおう》が北方騎馬民族と接触するに及んで決断。前三〇七年、国力増強のために機動力のある騎馬戦法を採用し、衣服も従来の袖が広く裾の長いワンピースから、乗馬に適したツーピースの胡服

に改めた。当然、左衽となる。その策は「胡服騎射」と呼ばれた。日本の古墳文化に見る埴輪も、男性はズボン状の褌《はかま》をはく。左衽の上着と併せてそのいでたちの源流は北方騎馬民族の胡服にさかのぼるものとみられる。

唐代以後、中国の官服はすべて胡服化するが、このころから胡服の着用も右衽に改められた（文化出版局編『服飾辞典』一九七九）。

飛鳥・奈良時代には隋や唐との交流が進み、中国の右衽の制が日本に流入。上流階級はいち早く左衽を捨てて、右衽に切り替える。しかし、右衽が一般に広まることはなかった（小川安朗、一九七九）。そこで、元正《げんしょう》天皇の養老三年（七一九）に命令が出された。

　初令天下百姓右襟（『続日本紀《しょくにほんぎ》』巻八）

庶民に至るまでこれまでの左衽を改め、右衽にするように、という内容だ。中国との外交で体面を保ちたい、そのためには衣服で蛮族のレッテルを張られたくない――。夷狄《いてき》にあらず、という多分に中国を意識した宣言とも受けとれる。

この右衽の令、すんなり実行に移されたわけではない。その後も奈良時代を通じて左衽は一部で行われていた（文化出版局編、前掲書）。また、平安初期の神像にも左衽がみられる（井筒雅風、一九八九）。

左衽は根強い風習だった。しかし、平安時代に入ると右衽にほぼ統一されていたと思われる。それから千余年、右前は現代の和服へと受け継がれてきた。

＊右前・左前は衣服以外にもみられる。風呂敷（袱紗《ふくさ》）を包む場合、慶事には左から包み始める「右包み」を、弔事には右から包む「左包み」を用いる。右包みは向かって右が上になり着物の右前に、左包みは向かって左が上になり死装束の左前にそれぞれ対応する。また、洋封筒でたて書きの場合、封をする方法は慶事でふたを右前に、弔事では左前に合わせる。

2 男の右前、女の左前……洋服

和服と同じ前開き型衣服でも、洋服の場合、男性の右前に対して、女性は左前に合わせる。前開き・ボタン留めの衣服をヨーロッパで着用し始めたのは一三世紀のこと。十字軍の遠征を通じてアジアから伝えられたという（丹野郁、一九九九）。それまでの、頭からかぶる衣服に比べて機能的なことから、まず男性用として広まっていった。男性服の右前が定着するのは一五世紀ごろである。婦人服はしばらくの間、右前・左前が混用されていたが、一九世紀になってようやく左前に固定された（小川安朗、一九七九）。

なぜ、衣服の打ち合わせが男女で逆になったのか、服飾史の大きな謎である。このため諸説が入り乱れている。

男性の衣服が右前とされた主な理由を挙げてみる。

①男性はかつて有事に備えて左の腰にサーベルをさげていた。それは利き手の右手で抜くためである。そのサーベルを抜くのに上着が左前だと、鍔《つば》が引っ掛かる恐れがある。そこで衣服の合わせ目が邪魔にならないように左前身頃を上にした。

②右利きの場合、左の内ポケットに入れた短銃などが右手で取り出しやすい。
③これも右利きに基づく説。寒気厳しい折、武器を持って戦う右手を衣服の合わせ目に押し込んで温めておき、いざというときに備える。

こうしてみると、男性服の右前はいずれも、一旦緩急あれば、で説明されている。男子家を出れば七人の敵あり、とは言う。しかし、平時に準拠した穏やかな解釈がないのは寂しい。

次は女性の衣服が左前になった理由である。

①前開き型洋服の普及に伴い、遅れて着用し始めた女性を男性側が差別するため。あるいは逆に、女性側が男性の右前に合わせるのを嫌ったため。

②女性用のボタン留め衣服を真っ先に着用したのは王侯貴族の夫人。彼女たちは召使いに着せてもらう。右利きの召使いなら左前のほうがボタンを留めやすい。

③着せるのに好都合というよりも、脱がせるのに手っ取り早いから……（これはどうみても男性側の推論だ）。

一九八二年、わたしは中国雲南省の最南部・西双版納《シーサンパンナー》を訪ねた。その折、現地の女性が袋状にした布を使って、わが子を抱いている光景に出会った。右肩から襷《たすき》掛けにした袋に幼児を収め、左手を添えて左胸に抱

中国雲南省西双版納の母子

っこする。そこでふと思った。子どもを袋ではなく、自分の衣服にくるむとしたらどうか。左胸にゆったり抱くには当然、左前身頃の上に右前身頃を重ねることになる。すると、婦人服の左前は抱っこから発生したとも考えられる。

母親はわが子を左に抱くのか、右に抱くのか。アメリカの心理学者リー・ソークが病院で分娩後の母親二五五人を対象に調査した。その結果、右利きの母親で八三%、左利きの母親で七八%が左手で子どもを抱いていることが分かった。母親は利き腕とは関係なく子どもを左側に抱いている。これは、子どもが子宮の中にいたときにつねに聴いていた音、つまり自分の心臓の鼓動を子どもに聴かせることで、子どもが安心する、と母親が本能的に知っているからではないかという（山口創、二〇〇三）。

では、左抱きはどこまで時代をさかのぼるのか。答えの手がかりがある。東京都八王子市宮田で出土した縄文時代中期（四六〇〇〜三八〇〇年前）の土偶だ。赤ちゃんを横抱きにする母親。母親は左胸にわが子の頭がくるように抱いている（佐原真、一九九九）。左抱きは、時空を超えて母親たちに引き継がれてきたのだろう。

子抱き土偶
（縄文中期，東京都八王子市宮田遺跡出土，国立歴史民俗博物館蔵）

左抱きと左前。一見ゆかりのない両者が母心で結ばれているとしたら、衣服の合わせ目に情の厚みが加わる。

男女を分けてきた右前・左前にも変化がみられる。右前のシャツを身につけて街を闊歩《かっぽ》する女性たちがいる。性差を超える、衣服のユニセックス化。男女の境界があいまいになりつつある。左前のゆくえを見守りたい。

3 装いと飾り

◉フラワーホール

背広の左の襟にある穴のこと。現在は社章などをつける。元来、右襟にはボタンがついていて、左襟の穴は防寒用のボタンを留める「ボタンホール」だった。つまり、穴は詰襟の名残である。その後、一九世紀の英国で男性がパーティーの際、このホールに花を挿したことからフラワーホールと呼ばれるようになった。いまも英国ではバッジの代わりにカーネーションをつけるという。

◉靴

なぜ、靴には左右の別があるのだろう。日本はきもの博物館（広島県福山市）の主任学芸員・市田京子氏に尋ねた。

「靴のはじまりは『モカシン』です。一枚の獣皮で足をくるむように締めたものといえます。その製作技法からいって左右の別はなかったのです。その後、いくつかの皮を縫い合わせた『縫い付けモカシン』が登場します。厚い底にやわらかい甲皮《こうがわ》をつけたもので左右の別がありました。これが

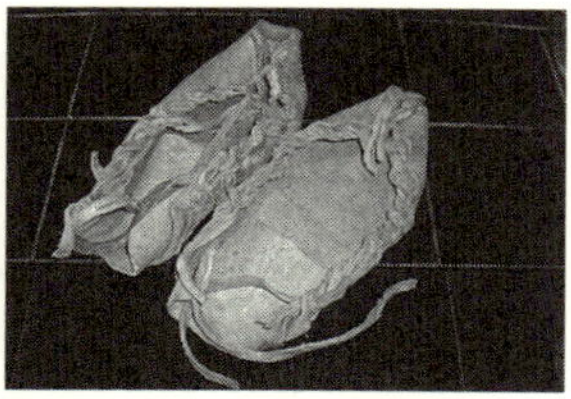
左右の別がない一枚皮の靴。トルコ・カッパドキア地方（日本はきもの博物館蔵）

左右の別がないヒール付きの靴。1722年，英国で使用（同右）

左右別の靴として発展していきます」

ところが、文字どおり、靴を〝左右〟する事態が起きる。

「一六世紀末期にヒールが出現して、それまであった左右の別がなくなってしまうのです。靴作りに必要なラスト（木型。これに合わせて靴を作る）を、ヒールのつく形で左右対称に作る技術がなかったからとも、その手間を避けたからともいわれています」

その後、左右別の靴が現れるのは一九世紀後半のこと。パンタグラフ（製図用具）の完成がそれを可能にした。靴が足にフィットしていないと歩きにくいし、足の負担も重くなる。なんとしても足の形に合う靴を……という要請が背後にあったようだ。

◉スリッパ

slipperはヨーロッパでは「留め具のないローヒールの室内用シューズ」のことだから左右の別がある。日本のスリッパ第一号は明治の初めに生まれた。東京浅草の仕立屋・徳野利三郎が日本に住む外国人の求めに応じ、スリッパがどんな形をしているのかも知らず、状差しを見本に作ったもの（『日本人とすまい①　靴脱ぎ』光琳社出版、一九九六）。外国人は室内で靴を脱がないため、靴の上から履いて部屋にあがるオーバー・シューズを製作したという。ヨーロッパのものとは違う、左右の区別のないスリッパがこのとき誕生した。市田氏はこう指摘する。

「日本人にはそのころ、はきものに左右の違いを、という観念はなかったはずです。自然体で工夫をすれば当然、左右の別は生まれなかったのではないでしょうか」

このスリッパはやがて西洋人の住まいから日本人の家庭へと広まっていく。

日本にも古くから板の間で使う上履きの草履はあった。それが家屋の洋風化にともない、装いも新たな上履き・スリッパのかたちをとって普及した。それもいかにも日本らしく左右の別なく……。

◉水引

慶事に弔事にと、しばしば目にする水引。そのかけ方には決まりがある。通常、左右で違う色を使い、原則として向かって左側に色の薄いほうがくるように結ぶ。紅白だと白が、金銀では銀が左側にくる。

江戸時代の一八世紀後半、伊勢貞丈《いせさだたけ》が著した作法書『貞丈雑記《ていじょう》』に「水引の紅白の左右の事」という項があり、そこには次のように記されている。

紅白水引にて包物を結《ゆ》う事。（中略）白を左にし、紅を右にすべし。白は五色の本なり。左は陽にて貴き方なれば、白を左になすべし。

この記述がその後の水引の結び方に影響を与えたという。しかし、どこにも、白を〝向かって〟左、とは記していない。

◉指輪

婚約指輪の風習は古代ローマにさかのぼる。wedding の wed（結婚する）は本来、「質に入れる」の意味で、「引き換えの担保になる金品を積んで女性を妻にする」こと（下宮忠雄ほか、一九八九）。つまり、婚約指輪は代金支払いの証拠としては新婦側に渡されたという（浜本隆志、二〇〇四）。

一方、結婚指輪の交換は記録では一一世紀はじめに現れる。ローマでは新郎は新婦に金の指輪を、新婦は新郎に鉄の指輪を渡した（浜本、二〇〇四）。

一般に、婚約指輪・結婚指輪は左手の薬指にはめる、といわれる。その理由として、左手の薬指が心臓につながっているという古代ギリシャ人の考えが示される。今後、ほかの異性に心ひかれることのないよう薬指の指輪で相手の心をしばるのだという。この〝常識〟はどこにでも通用するものなのか。

世界の国・宗教と結婚指輪のはめ方との関係を詳細に調べた表がある。喜連川宝石研究所が作成したもので、本書には数か国省略した表を挙げておいた。所長の喜連川純氏の分析では、指輪のはめ方には宗教がかかわっているという。たとえば、カトリック社会では左の薬指は「創造をあらわし、これから始まる生活を二人で築く」という意味がある。基本は左の薬指だが、スペインやドイツなどでは右薬指にはめる。ハンガリーでは婚約指輪は左、結婚指輪は右の薬指だ。プロテスタントも薬指だが、国によって左右の違いがある。ギリシャ正教・ロシア正教では「右手こそ神の手」なので右薬指にはめる。ユダヤ教徒は新婦のみが右人さし指につける。イスラム教徒はロシアなどを除き結婚指輪を交換しない。ヒンドゥー教では右足か左足の第二指にはめる国もある。足は「第二の人生のスタート」の意味だという（『Tokyo Jewelers』Vol. 20 所収、柏書店松原、二〇〇〇年四月）。

世界の宗教と結婚リング

国　名	宗　教	%	新　郎 左くすり指	新　婦 左くすり指	新　郎 右くすり指	新　婦 右くすり指	新婦のみ 右人さし指
イギリス	イギリス国教会	57	○	○			
	カトリック	13	○	○			
	プロテスタント		○	○			
イタリア	カトリック	99.4	○	○			
オーストリア	カトリック	90			○	○	
	プロテスタント	6			○	○	
	ユダヤ教						○
オランダ	カトリック	36	○	○			
	プロテスタント (オランダ改革派)	18			○	○	
	(カルバン派)	9			○	○	
ギリシャ	ギリシャ正教	98			○	○	
スイス	カトリック	48	○	○			
	プロテスタント	44	○	○			
スペイン	カトリック	大部分			○	○	
デンマーク	プロテスタント (福音ルーテル派)	95			○	○	
ドイツ	プロテスタント (福音ルーテル派)	42			○	○	
	カトリック	43			○	○	
ハンガリー	カトリック	65	婚約リングは○	婚約リングは○	○	○	
	プロテスタント	25	婚約リングは○	婚約リングは○	○	○	
	ユダヤ教	1					○
フランス	カトリック	76.4	○	○			
	ユダヤ教						○
ベルギー	カトリックなど	90	○	○	地域によって○		
	ユダヤ教						○
ルーマニア	ルーマニア正教	85	○	○	式のときだけ○	式のときだけ○	
	カトリック	6	○	○			
	プロテスタント		○	○			
ロシア	ロシア正教				○	○	
	イスラム				○	○	
	ユダヤ教						○
	仏教						
イスラエル	ユダヤ教	82					○
	イスラム	14					
	キリスト教	3	○	○			

国名	宗教	%	新郎 左くすり指	新婦 左くすり指	新郎 右くすり指	新婦 右くすり指	新婦のみ 右人さし指
インド	ヒンドゥー	82.6		地域によって○	地域によって○		
	イスラムほか	13.9					
シンガポール	仏教	76					
	イスラム	15					
	ヒンドゥー	7					右足第二指○
タイ	仏教	95	もしするなら○	もしするなら○			
	イスラム	4					
日本	神道		○	○			
	仏教		○	○			
	仏教諸派		○	○			
	カトリック		○	○			
ネパール	ヒンドゥー	86			はめる場合は○	はめる場合は○	
	チベット仏教	8					
	イスラム	4					
エチオピア	イスラム	35					
	ニチオピア正教(コプト派)	55	○	○			
アメリカ	プロテスタント	34	○	○			
	カトリック	23	○	○			
	ユダヤ教	2					○
	東方正教会	2			○	○	
	ヒンドゥー		式後○	式後○			
カナダ	カトリック	46	○	○			
	カナダ連合教会	17.5	○	○			
	イングランド教会	12	○	○			
	ユダヤ教						○
ブラジル	カトリック	89	○	○			
	プロテスタント	7	○	○			
オーストラリア	カトリック	33	○	○			
	イングランド教会	34	○	○			
	セブンスデー・アドベンチスト	6	○	○			
	長老派	6	○	○			
西サモア	キリスト教(会衆派)	47		新婦のみ○			
	キリスト教(メソジスト派)	15		新婦のみ○			
	カトリックなど	38					
ニュージーランド	イングランド教会	25.6	○	○			
	長老派	16.5	○	○			
	カトリック	14.4	○	○			

浜本隆志『謎解き・アクセサリーが消えた日本史』（光文社新書，2004）176，177 頁より。

もとの表は喜連川宝石研究所作成（季刊宝飾専門誌『Tokyo Jewelers』Vol.20 掲載，柏書店松原，2000 年 4 月）

右往左往 コラム①

腕輪の考古学

アクセサリーには時代ごとの好みがうかがえる。弥生時代は南海産の貝の腕輪が珍重された。

代表的な材料はゴホウラとイモガイ。どちらも巻貝で、奄美以南のサンゴ礁の砂地に棲《す》む。これらの殻で作った腕輪は北部九州を中心に出土、遠くは北海道伊《だ》達《て》市の遺跡でも見つかっている。当時、列島沿いには南北に長い「貝の道」があった。

貝輪は、左右どちらの腕につけられていたのか。高倉洋彰氏（一九七五）は「ゴホウラ製腕輪は男性に、イモガイ製腕輪は原則として女性に着装された」としたうえで、表のデータを示している（地域は九州・山口・島根、左右不詳は除く）。

女性に比べて、男性は右前腕に圧倒的多数の貝輪をはめていることが分かる。とりわけ右前

	〈ゴホウラ製〉男 13 例	〈イモガイ製〉女 7 例
右前腕のみ	11 例（計 58 個）	なし
左右の前腕	1 例（12 個　うち右 8 個，左 4 個）	5 例（計 83 個　うち右 56 個，左 27）
左前腕のみ	1 例（10 個）	2 例（計 12 個）

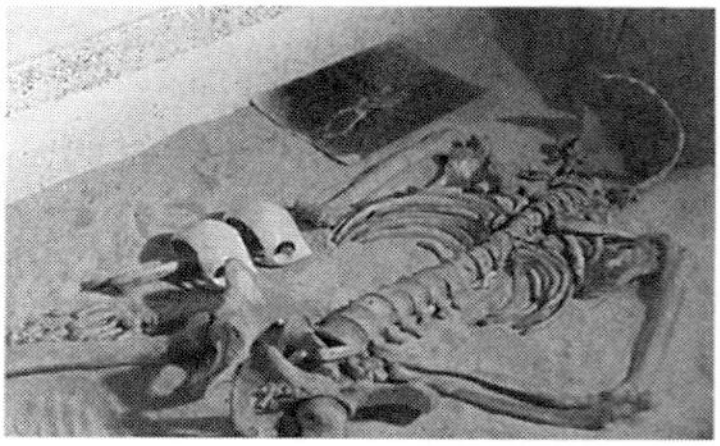
右腕にゴホウラ製貝輪２個をつけた男性
（弥生時代，下関市・土井ヶ浜遺跡・人類学ミュージアム）

腕のみの着装が目を引く。福岡県飯塚市の立岩《たていわ》遺跡で発掘された壮年男性は右前腕のみに一四個もの貝輪をつけていた。

こうした男性の着装傾向について高倉氏は、右手の使用を不能とすることに最大の意義があったと考え、「労働への不参加を象徴する右手の不使用の表現として司祭者の腕を飾った」という。また、着装者は貝輪を着装したまま、その生涯を終える運命にあった、と指摘した。

問題は、右手不使用とはいっても、貝輪を常につけていたのかどうかである。

ゴホウラ製腕輪一個の重さは約五〇グラム。いくつもはめれば腕に相当の負担がかかる。このため、弥生人は貝輪をつけたり、はずしたりしていたのではないかという(春成秀爾、一九九七)。

貝輪は魂を結び留めたり強めたりする呪具《じゅぐ》だったと考えれば、ムラの呪術師が特別なまつりの際だけ取り出してつけたのではないか。

高倉氏のいうとおり、利き腕を右とすれば、ふだん頻繁に使う右手には労働の匂いがつきまとう。そこで、あえて右腕を貝輪で拘束し、非日常にあるわが身を強調したのかもしれない。

4 下駄に左右の別あり

左右の区別のある下駄が若い女性の間で流行したことがある。洋服に足元が下駄という、和洋の組み合わせ。当時の新聞は「履き心地の良さが受けている」と報じた。その背景について、物産展で左右別の下駄を販売していた、駿河下駄の職人に尋ねた。

「一般の下駄は鼻緒（前緒）が台の真ん中にあって、ともすれば小指が台からはみ出てしまう。しかし、左右が別の下駄だと、小指が台の上におさまり、見た目がいい。何より足の形に合わせてあるので履きやすい」

その職人はさらに「左右別の下駄には周期的なブームがみられる」と付け加えた。

はきものは形状で大きく二種類に分けられる。一つは足を包み込む「閉塞性《へいそくせい》」タイプで、その代表は靴。もう一つは足を露出する「開放性」タイプで、下駄や草鞋《わらじ》、草履《ぞうり》が属する。前者が寒い北方の狩猟民族で多く使われてきたのに対して、後者は暖かい南方の稲作地帯で多く履かれてきた。

下駄にはＹ字形やＶ字形の緒をもつ「鼻緒」タイプと、前穴の位置に指股ではさむ棒を差し込んだ「はな棒」タイプがある。稲作の盛んなインド東部では鼻緒下駄、はな棒下駄とも使用されていて、いずれ

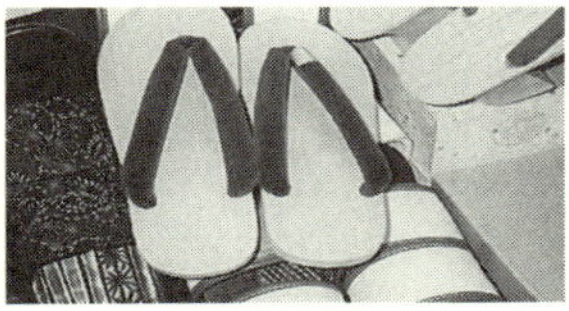
現代に見る左右別の下駄

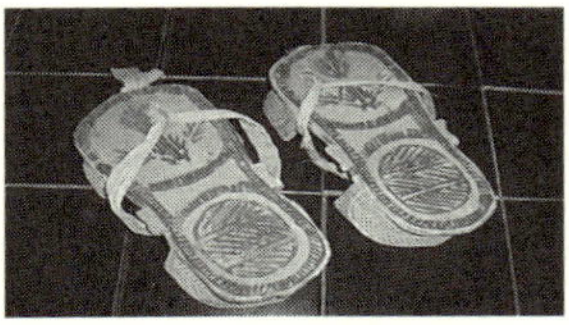
インド東部地方・鼻緒下駄（日本はきもの博物館蔵）

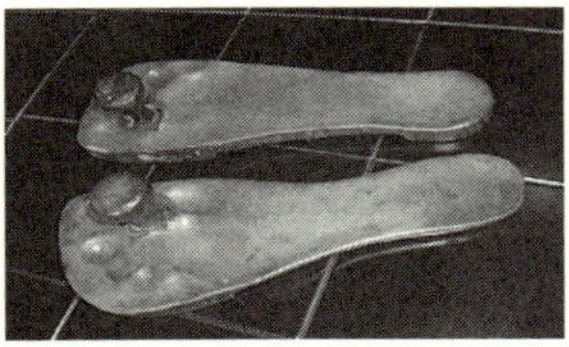
ザイール（現・コンゴ民主共和国）・はな棒下駄（同上）

も左右の別がある。中国やタイ、インドネシアの下駄も、鼻緒やはな棒が内側に寄せられている。アフリカの稲作地帯などの下駄も左右の区別がある。つまり、左右の区別がない下駄は世界でも日本だけに見られる、極めてマイナーな存在なのだ。しかし、日本の下駄が遠い昔からそうであったわけではない。

弥生時代の遺跡から田下駄が出土している。田植え前の代《しろ》かきや湿田での稲の穂刈りで泥土に足をとられないように工夫した、「道具」としてのはきものである。問題は鼻緒の前穴の位置だ。じつは現在のように前穴が台の真ん中にあけられたものは少なく、足指に合わせて左足用の前穴は右側に、右足用は左側に寄せてあけている。台の形を足に合わせて外側に張り出すようにこしらえたものさえある。弥生人は自分の足に合わせて自作したとみられる（潮田鉄雄、一九七三）。

その後、古墳時代には歩行用の下駄が大陸から伝わったといわれる。当時の下駄も前穴は片方に寄っていた。ところが、奈良市の平城宮跡からは穴を片寄せてあけた下駄とともに、中央にあけた片寄りのない下駄も出土している。鎌倉時代以降になると、下駄の前穴の片寄りは全くなくなる（潮田鉄雄・市田京子、一九八六）。何がこの劇的な変化を引き起こしたのか。

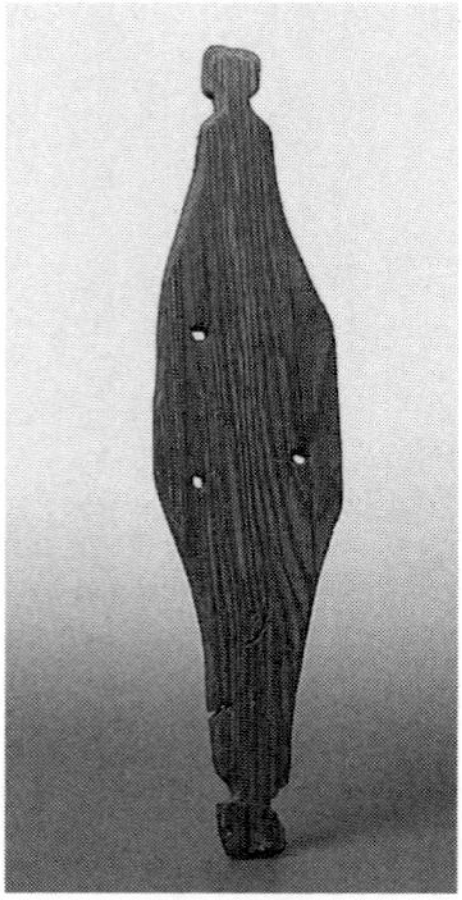

田下駄。静岡県韮山町（現・伊豆の国市）山木遺跡出土。弥生後期（複製）。左右の別あり（同前）

奈良市・平城宮跡から出土した下駄（復元）。左右の別あり（同前）

下駄と同じ開放性はきものである草鞋・草履の原形は中国から伝来した。当初は植物繊維で編んだ藁《わら》沓《ぐつ》だった。これが平安時代の中ごろまでには、日本の気候風土に合わせて風通しのよい「鼻緒式はきもの」に変えられたようだ。

日本はきもの博物館主任学芸員の市田京子氏は次のように話す。

「草鞋や草履は芯縄《しんなわ》を使って作るので前緒が中央にきます。下駄の前穴はこれにならって中央にあけられるようになったのかもしれません」

さらに、下駄の普及に伴う生産効率の課題もあったようだ。使用量増加に対応するため、従来の、片寄せて程よい位置に穴をあけるという面倒な作業が敬遠される――。こうした作りやすさの追求が、世にも不思議な日本下駄の〝前穴中央〟を定着させた、とも考えられる。

当世風俗に見る左右別の下駄は、先祖返りによって図らずも、足元の歴史を浮き彫りにする。

5 カップの取っ手はどちら？

「ちょっとお茶でもいかが？」。知人を喫茶店に誘うとき、〝お茶〟の主たるイメージはコーヒーや紅茶だろう。

日本人が初めてコーヒーと出合ったのは一七世紀半ば、長崎出島のオランダ商館だったという。ただし、口にしたのは役人や商人、遊女など、ごく限られた人たちだった。コーヒーが一般に広がり始めるのは明治一〇年（一八七七）ごろからである（高田公理、一九九六）。

今や日常の飲料として親しまれているコーヒー。そのコーヒーを客に出すとき、カップの取っ手を客からみて右にするのか、それとも左にもってくるのか――。

広島市内のコーヒーショップ二〇店を無作為に抽出して、電話によるアンケート調査をした（二〇〇八年五月八日）。結果は左記のとおりである。

・取っ手を左にして出す……一二店
・取っ手を右にして出す……　七店
・どちらとも決めていない…　一店

「取っ手は左」が「右」を上回っている。それぞれの理由も聞いてみた。まずは左派の説明から——。

「右利きの人は右手でスプーンを使い、左手を取っ手に添える。このため、取っ手を左側にして出しています」

「先代から、コーヒーは砂糖を入れたあと、カップを回してから飲むものと教わったので……」

取っ手の回し方も二通りある。手前側を反時計回り（左回り）に回すタイプと、向こう側から右回りにもってくる方法だ。しかし、後者だと腕の動きが大きくなって隣の人の迷惑になる恐れもあり、前者が望ましいという店もあった。

次は右派の言い分である。

「客の多数を占める右利きにとって、わざわざ回すのは面倒だから」

「以前は左でしたが、今は右です。最近のお客さんはブラックで飲む方が比較的多く、その場合、スプーンで混ぜる必要はありません。だから、右利きにとっては初めから取っ手を右にして出したほうがいいと思って……」

同様の調査を一九九七年にも行った。このときは、「左」が一三、「右」が五、「どちらとも決めていない」が二であった。左右それぞれのシェアに大きな変動はないが、右派がじわりとその差をつめている。ブラック好みの常連客が多数を占める店では、今後、右派が増えていくことだろう。

では、取っ手の向きに決まりはあるのだろうか。UCCコーヒー博物館（神戸市中央区）に尋ねてみた。

「それぞれの喫茶店やホテルで独自のルールはあるかもしれませんが、カップの取っ手が右あるいは左にくるという決まったルールはありません。ヨーロッパも同じです」

そして、カップの模様を取り上げて補足する。

「一般には右利きが多いので、右手でカップを持ってコーヒーを飲むときに、模様のきれいな部分が飲み手の正面にくるようにデザインしてあるものが多いようです。そうすると、カップの取っ手は右側にあるというわけです。しかし、取っ手を左側にして出されることもあります」

取っ手を左側にする理由としては、喫茶店の左派がいう「利き手の右でスプーンを使い……」を指摘する。

「取っ手は左」には、こんな背景もあるようだ。

コーヒーになじみ始めた明治時代。この舶来の飲み物をどのようにして飲めばいいのか、女子教育の第一人者・下田歌子が礼法の教科書で出し方・飲み方の要領を説いている。明治三〇年（一八九七）の『女子普通禮式』にこう記す。

> 珈琲《カッヒー》、紅茶を出だすには、受皿の前へ、小匙《こさぢ》を置き、茶碗の取手《とって》を、客の左にし、……牛乳、砂糖を持ち来たるを待ち、宜《よ》き程《ほど》に、挟《はさ》みて、茶碗の中へ入れ……除《しづ》かに掻《か》き廻《まわ》し、上部《うへ》の所の茶、少《すこ》く減ずる迄《まで》、三四匙《さぢ》すくいて呑《の》み、小匙をもとのところに置き、右の手にて、茶碗の取手を、右の方《かた》へ取り廻して、碗より、音せぬやうに呑むべし。

つまり、茶碗を回すという、茶道の作法を取り入れたのである。ハイカラな飲み物にも和の心を、という願いが込められたに違いない。このテキストにより、文字どおり〝回りくどい〟飲み方が全国に波及していったともいわれている。

6 右勝手・左勝手……家の入り口

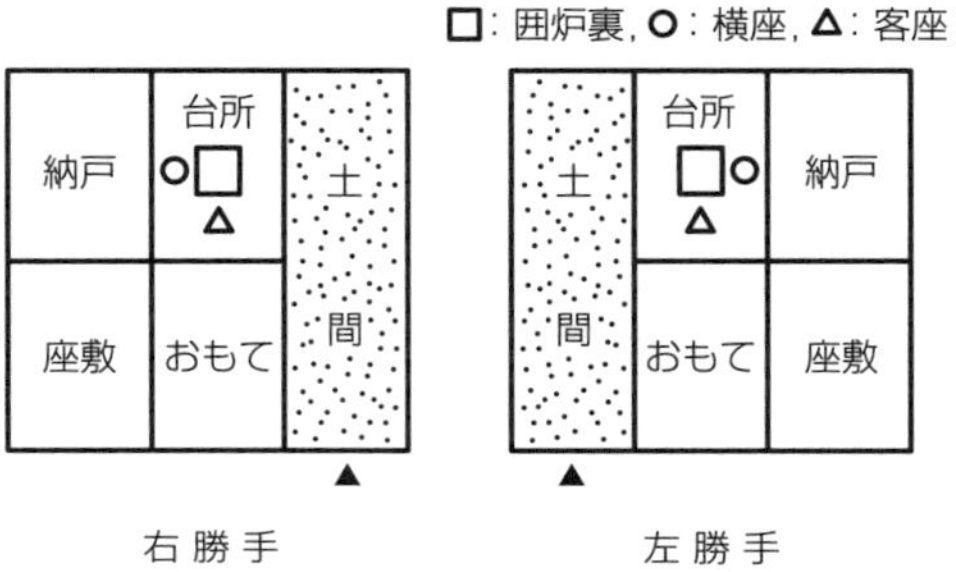

民家の入り口（四間取り）

家の入り口をめぐる左右である。森隆男氏は『日本民俗大辞典・上』（吉川弘文館、一九九九）の「勝手」の項で次のように解説している。

　母屋に向かって右側に表の入口を設けた住居を右勝手、左に設けた場合を左勝手と称する。表の入口に続く土間の奥には竈や炊事場が設けられることからつけられた名称と思われる。*

したがって、土間に入ると右勝手の家は左手に部屋が、左勝手の家は右手に部屋がある。土間から囲炉裏《いろり》のある部屋（台所・茶の間）を正面に見たとき、正面の奥が主人の座（横座《よこざ》）、横座の隣にあって入り口に近い席が客人の座（客座）となる。このため、客座は右勝手では主人の右手に、左勝手では逆の左手に配される。

民俗学者の柳田国男は、関東では通常、左勝手の家を嫌って、たい

左勝手の旧三澤家住宅（19世紀中ごろ，川崎市立日本民家園。旧所在地・長野県伊那市）

右勝手の旧北村家住宅（1687年築，川崎市立日本民家園。旧所在地・神奈川県秦野市）

てい右勝手の構えにし、逆に関西には左勝手が多く見られる、と指摘したうえで次のように述べている。

以前刀がものを言った時代には、主人が客を自分の左手に坐らせることは、いざという時にとってははなはだ不利であった。つまり主人は自分の左手に置いてある刀を、抜こうとする矢先に、客から取抑えられる懸念があったからである。そこで我々は今ではまだ明白にそうとは断言できないが、この横座の右に客座を置くところは、まだそこの住民が農になりきらず、幾分まだ殺伐の風を残していた地方で、その反対の客座を左手に置いているところは平和な地方、即ちはやくから純農村になり切っていたところと見なそうとしているのである。

（『郷土生活の研究』筑摩書房、一九六七）

柳田は、右勝手に荒ぶる坂東武者の面影を見ようとしている。では、柳田の指摘どおり、右勝手・左勝手に明瞭な地域差があるのだろうか。

鶴藤鹿忠氏（一九九四）によると、中・四国地方では左右が混在しているが、出雲の簸川《ひかわ》平野は右勝手が定型。周防《すおう》・長門《ながと》・安芸《あき》は右勝手が多く、美作《みまさか》は左勝手がやや多い。東日本は右勝手がもっとも多く、地形や道路の関係では左勝手になっている、という。

全国の農村住宅を対象に土間の位置を調べて、勝手の左右の分布を示した図がある（坂本磐雄、一九八九）。文献や実地調査に基づき作製したもので、これによると、沖縄本島以南が左勝手標準地域、薩南諸島を含む九州と高知県が左勝手優勢地域、徳島・愛媛・香川県と本州は右勝手優勢地域に区分されている。左右の勝手は柳田のいう東西ではなく、むしろ南北の違いとして説かれている。

また、大河直躬氏（一九八六）は各県教委が実施した民家緊急調査の報告書をもとに、七県について左右勝手の集計をしている。町家や武士住居も調べているが、農家のみで見ると結果は表のとおりであり、長崎を除く六県で右勝手優勢だ。これは坂本氏作製の図に合致する。

左右勝手の割合について、民家に詳しい広島大学大学院の三浦正幸教授（日本建築史）に尋ねたところ、

	右勝手	左勝手
秋田	36	20
千葉	48	17
山梨	97	48
奈良	58	32
山口	51	16
徳島	110	72
長崎	18	30

母屋における右勝手・左勝手の棟数

経験的には全国の農家で九五％、町家で六〇％が右勝手であり、日本の東西でその割合が大きく違うことはない、という。ほとんどが南向きに立つ農家に対して、町家は街路をはさんで向かい合って立地するため左右の勝手はほぼ半々になるはずだ、と話す。では、なぜ農家では右勝手が圧倒的に多いのか。三浦教授は推理する。

「古くは、ひと間の土間に暮らすことが多かったが、江戸時代に入り、農家は複数の部屋を持つようになる。このとき、安土桃山時代初期に完成した武家の書院造りの影響を受けたとみられる」

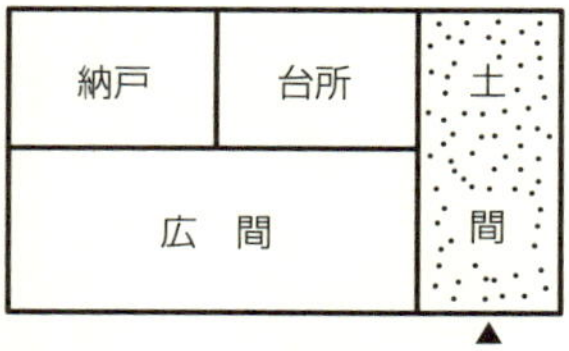

広間型農家（～17世紀中ごろ）

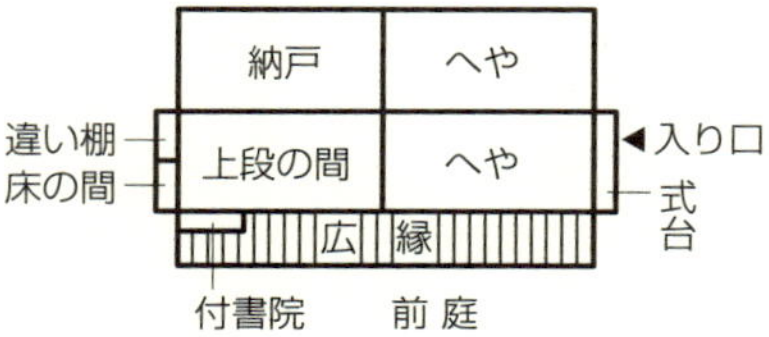

書院造り（安土桃山初期）

書院造りの多くは前庭からみて建物の左奥に納戸（寝間）が、その手前に上段の間がある。右手に入り口があり、入り口の正面には上段の間の床と床脇（違い棚）が見える。向かって左に床、右に床脇を配す。これは江戸時代以降「本勝手《ほんがって》」と呼ばれる。左右逆の配置を「逆勝手《ぎゃくがって》」と呼ぶ。

江戸時代初期までの農家は、四間取り《よつまど》（田の字型）出現以前の三間取り《みつまど》（広間型）だった。

「広間型農家は本勝手の書院造りの間取りを模倣して、建物に向かって左奥に納戸を構えた。この場合、入り口、つまり土間は右側にくる。こうして右勝手が誕生したようだ」

その証拠に、現存する広間型農家はすべて右勝手だという。

江戸時代に普及する四間取り農家も広間型に倣《なら》って、右勝手にすることが多かった。三浦教授の説く右勝手優勢の所以《ゆえん》である。

＊右勝手・左勝手の呼称は視点のとり方で逆になる。視点を内部にとると、家屋内の座敷に座る主人からみて左右が決まる。主人の左手に勝手、すなわち奥（納戸・台所）がくるものを左勝手という。したがって、家に向かって右側に土間のある場合が左勝手となる。三浦正幸教授は視点を内部に置くが、本書はこの節を外部視点の呼称で記す。

7 建具はなぜ右手前？

あらためて自宅の建具を眺めてみよう。襖《ふすま》や障子はそれぞれ二枚、あるいは四枚を組み合わせている。このうち二枚組み合わせの「二枚立て」は、おおむね向かって右を手前にしているはずだ。これを「右手前」と呼ぶ。その理由を広島市内の表具店数軒に尋ねてみたが、返答は「右手前を受け継いできたものの、由来は分からない」「二枚立ての左右を証明するものは見当たらない」。

障子といえば、今は格子状の骨組みに白い紙を貼《は》った「明《あかり》障子」を指す。しかし、障子は本来、「遮《さえぎ》るもの」の意であり、衝立《ついたて》障子・板障子・衾《ふすま》障子・明障子などの総称だった。最初は衝立式で奈良時代

右手前の障子（京都・知恩院御影堂《みえいどう》）。1639年建立の本堂

右手前の障子。五箇山の合掌造り（富山県南砺市相倉）

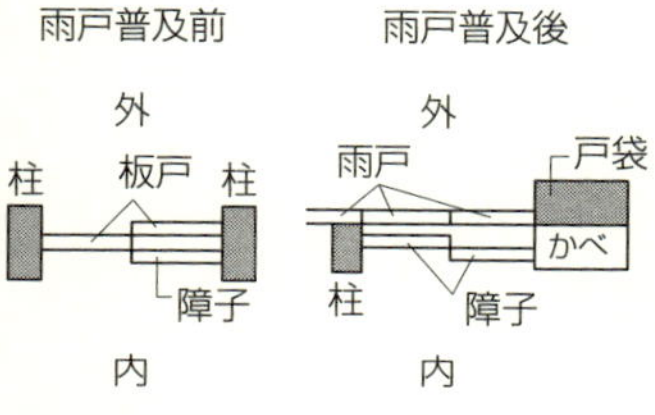

建具形式　雨戸普及の前後

『春日権現験記絵』巻 12　第４段　恩覚事
（宮内庁三の丸尚蔵館蔵，至文堂『日本の美術』第 203 号（1983）「春日権現験記絵」より）

の文献に記録されている。次いで柱間にはめ込んで固定する板障子が出現した。しかし、これでは通り抜けることができず不便である。そこで工夫されたのが、通り抜け可能な「通入《とりい》（鳥居）障子」。鴨居と敷居の間に二枚引き違いの障子を立てたもので、開閉用の引き手がつく。衾障子（後に「襖」と書く）ともいい、遅くとも一〇世紀前半（平安中期）には現れている。採光のため工夫された明障子の出現は平安末期であり、障子の中ではもっとも新しい部類に属する（高橋康夫、一九八五）。

　では、こうした引き違いの建具はどんな経緯をたどって右手前になったのか。

　時代は下って、鎌倉末期を代表する絵巻物『春日権現験記《かすがごんげんけんき》』（一三〇九年）。住まいの様子が克明に描かれていることで知られる。そこには随所に右手前の襖が確認される。この時代、仮に右手前が普及していた、とするならば、その背景に何があったのか。空想をたくましくすれば、着物の合わせ方にヒントを得て建具を「右へならえ」させたのではないだろうか。二枚の建具を着物に見立てれば、右手前は、右の襟に左の襟を重ねる着物にそっくりなのだ。

　着物の襟合わせは七一九年の衣服令で、庶民にいたるまで右前にするよう命じられた。この右前は平安時代に入って広がる（第一章一節参照）。

襖は前述のとおり、平安中期までに出現した。当時、人々は初めて見る二枚引き違いの襖を前に、左右をどう合わせるべきか、で迷っていた。そこに願ってもないお手本があった。右前の着物である。模倣は瞬《またた》く間に広がり、やがて襖は右手前が当たり前となる。さらに明障子など、ほかの引き違い建具も右前に追随していった――。

右手前の誕生についてこんな見方がある。広島大学大学院の三浦正幸教授（日本建築史）は、一七世紀までに発明され、一八世紀から普及する雨戸の関与を指摘する。

「雨戸の普及前は戸袋を持たない板戸二枚で雨を防いでいた。家の内外を隔てる建具は外側から順に板戸、板戸、明障子で、敷居には三本の溝が通っていた。夜間は板戸で閉め切り、昼間は板戸一枚を繰って片側を採光用の障子とした。この場合、板戸二枚のどちらを手前にするのか、まちまちだった」

三浦教授の調査では、広島県内にある民家の障子は一八世紀後半まで右手前と左手前が半々だという。ところが、県内に雨戸が普及する一九世紀以降は右手前一辺倒になる。

雨戸普及前の建具。戸袋なしの板戸２枚と障子１枚
（綱島家，18 世紀前半建築，江戸東京たてもの園）

「戸袋に収納する雨戸が広まると、板戸が不要になり、代わりに昼間に使う障子が二枚必要となる。そこで、障子を二枚組みで使用するようになり、障子のどちらを手前にするかが問題とされた。当時すでに着物の左前は縁起でもない、と嫌われていたため、当然、障子も右手前にしたと思われる」

着物の襟合わせに淵源を求めながらも、右手前の広がりは江戸時代以降とみる。右手前は伝統の建具に限らない。明治末期から国内で本格的に製造が始まった窓ガラスも、二枚組み合わせる場合は右手前だ。では、ヨーロッパはどうか。

日本の窓が横長なのに対して、ヨーロッパの窓は縦長。そのため引き戸式の場合、上げ下げの垂直移動形式をとる。つまり左右に水平移動させることはない。そもそも、右手前か左手前かの問題が発生する余地もないのである。

こうした窓の形態は建築構法の違いに由来する。ヨーロッパの建物は石や煉瓦《れんが》を積み重ねる組積造《そせき》りで、窓の幅を広くとると壁の重みの負担が大きくなるため、間口が制限され縦長になる。一方、日本の伝統建築は木造軸組《じくぐみ》構法で柱に梁《はり》を架けるため、水平方向に開口し、窓は横長になる。そこで窓は左右引き違いの形式をとる。

窓ガラスの右手前は、舶来物を日本の流儀で吸収・同化させてきた歴史の一端をも語りかける。

8　語源を探る①

「右」と「左」。それぞれの漢字には元来、どんな意味があるのだろう。手元にある数冊の辞書にはおおむね次のように記されている。

【右】「口」と、助ける意と音を表す「又」（ナ《ゆう》。右手の象形字）からなり、「口を使い、手を用いて相助けること」。ナに「ゆう」の音があるのは、右手が左手よりも「優」、つまり、すぐれているから。のちに右の本義を「佑《ゆう》」（助ける）が奪い、「右」は右手の意となる。佑を使用した熟語として「天佑《てんゆう》」。

【左】工具の意を表す「工」と、音を表す「𠂇」（ナ《さ》。左手の象形字）からなる。ナの音の表す意味は「佐《さ》」（助ける）。「左」は工具を左手に持って仕事を助ける意。のちに左の本義は「佐」に奪われ、「左」はもっぱら左手の意のみに使われるようになる。佐を使用した熟語として「補佐」「佐幕」。

なお、白川静氏（漢字学）は『字統』（平凡社）で従来の説を批判し、左右を神事に結び付けて解釈した。

右の「口」は「祝詞《のりと》を納める器」、左の「工」は呪具であり、左右の手にこれらを持って神に祈った。それがのちに人のために祈ることから、佐《たす》ける意になった、という。

かつて、貴人のそばにいて文書を書くことをつかさどった人は「右筆《ゆうひつ》」と呼ばれた。証拠は「証左」ともいう。右筆の「右」や証左の「左」には「助ける」意味が込められている。「証左」は古代中国にさかのぼる言葉で、二分した割符《わりふ》の半片に由来する。契約の際、木片に字を書き、これを左右に切ってそれぞれ右契（右券）、左契（左券）と称した。右契を相手に渡し、左契を自分の手元に留めておいて、あとで合わせて確かめた。左契がないと右契の証明ができない。そこから証左は、証《あか》しの意味を持つことになった。

「左右」はとかく、左翼・右翼のように対立の関係で捉《とら》えられがちだ。しかし、字源をたずねると、左右には、左右双方から人や物事を助けていく、あるいは左右相補ってことが進む点にこそ、真骨頂があるようだ。四字熟語ではたとえば、「左文右武《さぶんゆうぶ》」（右文左武《ゆうぶんさぶ》とも）。文を左にし、武を右にして、どちらかに偏することなく文武ともに重んじる。そして「左輔右弼《さほゆうひつ》」。輔も弼も助ける意で、君主を左右から助けることをいう。

こうした左右をめぐる表現からはどんな風景が見えてくるのか。そのほかの言い回しの由来をたずねてみる。

【左うちわ】

安楽な暮らしのたとえ。「左扇《ひだりおうぎ》」ともいう。どちらも近世から現れる言い方。利き手でない左手であおぐと力が弱く、いかにもゆったりしている。そこから差し迫っていない、余裕のある暮らしに意味を通わせたらしい。つまり、この表現は左右の優劣に由来するのではなく、左右の手の機能的な違いに基づく。同様の例として、最も信頼する有力な部下を指す「右腕」がある（阪下圭八、一九八九）。

【座右の銘】

常に身近に備えて戒めとする格言。「座右」は文字どおり、座席の右側だが、転じて「傍ら」や「身近なところ」をいう。後漢・崔子玉《さいしぎょく》の作に「座右銘」がある。漢は右上位だったから、傍らを右で象徴させたものか。あるいは文書は右側に置くと見やすいという経験から生まれたものか。なお平安時代の人で醍醐天皇の皇子、兼明《かねあきら》親王の作に「座左銘」がある。左優位だった当時の日本を想わせる命名だ。

9 語源を探る②

「左右手」と書いて何と読むのか。まるで判じ物のようだが、「まて」と読む。「ま」は接頭語で二つそろうことを意味し、両手・諸手《もろて》を真手《まて》と言った。棟の両側に葺き下ろした家を真屋《まや》というのも同様である。古くは『万葉集』に左右手・二手・諸手の表現があり、助詞の「まで」にあてている（池田弥三郎、一九七七）。では、「左見右見」は？　これで「とみこうみ」と読む。あちらを見たり、こちらを見たりすること。あれこれ品定めをするときなどに使う表現だが、今では耳にすることも少ない。

引き続いて「左右」に因《ちな》む言語表現を取り上げ、その歴史をたどる。

【左利き】

酒飲みのこと。「左党《さとう》」ともいう。なぜ、酒好きは「左」なのか。諸説あり、一つには、独酌をするとき、右利きの人は右手に徳利、左手に盃を持つから、という。

二つめは洒落《しゃれ》言葉説。大工は右手で槌を使い、左手に鑿《のみ》を持つ。そこで右手を槌手、左手を鑿手《のみて》と呼んだ。鑿手は飲み手に通じることから、酒好きを「左利き」と言うようになった。一方で、同様に鑿・

槌を使う金鉱発掘現場の金山詞《かなやまことば》が広まったとする見方もある。

三つめは、酒盛りからきたとする説。酒盛りの古い作法は酒盃を上座から下座に順々に回して五献《こん》に及ぶのが本式だが、略式では膳の上に五つの盃を並べる。盃は右端から左に向かって段々大きくなる。みんな一斉に小さい盃から飲み始めるが、酒飲みのために一番大きい左の盃から始めることがある。こうして酒飲みを「左利き」と称することになった（岩井宏實、一九九〇）。

【左袒《さたん》】

味方をすること。「袒」は衣服の袖を脱いで肩をあらわす意味であり、「左袒」は本来、左の片肌を脱ぐことをいう。では、なぜ冒頭の意味になったのか。それは前漢の故事に基づく。

漢王朝を興した高祖 劉邦《りゅうほう》が前一九五年に没した後、妻の呂后《りょこう》が専権をふるい、重要なポストを呂氏一族で占める。前一八〇年に呂后が死去、高祖の家臣たちは呂氏打倒に動く。大尉のポストを呂氏から奪った周勃《しゅうぼつ》が漢軍の将兵に向かって呼びかけた。

為呂氏右袒、為劉氏左袒（『史記』）

呂氏のためにするものは右肩を脱げ、劉氏のためにするものは左肩を脱げ、と。すると「軍中皆左袒、為劉氏」。すなわち、呂氏の横暴を不満に思っていた軍中のものはみな左肩を脱いで、劉氏のために尽くすことを示した。ここから、一方に味方することを「左袒」するというようになった。

ところで、陳舜臣氏（一九八六）は周勃の呼びかけにはトリックがあったかもしれないという。当時

狩衣姿の射手。左手に弓を持つ
（広島県廿日市市地御前の馬とばし〈流鏑馬〉）

も右利きが多かったはず。右手を使えば左肩のほうが脱ぎやすい。さらに、そのころ、儀礼のときは左肩を脱ぎ、罪を犯して刑を待つものは右肩を脱いだという。軍中のものは縁起の悪い右袒を避けたとも考えられる。

【馬手・弓手】

「めて・ゆんで」と読む。弓馬の道に由来。馬の手綱を持つ右手を馬《め》手といい、弓を持つ左手を弓手（ゆみて→ゆんで）といったもの。『万葉集』巻一一には「左手の弓取る方の眉根掻きつれ」と詠まれている。弓を持つ左側の眉を掻いた場面で、恋人に会うための一種のまじない。『今昔物語』には「馬手なる時には呼び、弓手なる時には呼ばざりければ」とある。馬を「め」と読むのは呉音。すぐれた馬を駿馬《しゅんめ》という。

【サウスポー】

southpaw で、左腕投手のこと。谷本秀康氏（一九九五）によれば south は南、paw は「かぎ爪《づめ》を持つ哺乳動物の足」を指し、俗語で「人の手」を意味する。直訳すると「南の手」。これは打者への配慮から生まれた言葉だという。起こりはアメリカにプロ野球が生まれた当時にさかのぼる。そのころ建てられた球場のダイヤモンドは夕刻、打者が西日を受けてまぶしくないように通常、ホームプレートが西側に、センターが東側に配置された。このため、マウンドに立つ左腕投手の利き腕は南に向く。そこから「南の手」の表現が誕生した。一方、左腕投手には南部出身者が多かったから、とする説もある。なお、プロ野球のない英国ではサウスポーは「左利きのボクサー」を指す、と谷本氏は述べている。

10 語源を探る③

日本語で左をヒダリ、右をミギというのはなぜか。国語学者・大野晋氏（一九七四）は、古代日本人が太陽の輝く南を前面と考えたとすると、南面したとき東は左にあたることから、ヒは太陽、ダは出《イ》、リは方向を示す接尾語であると指摘した。つまり、ヒダリは日出方《ヒイダリ》の意だという。一方、ミギは未詳だとする。

ヒダリについては、「日足《ひたり》」や「日垂《ひたり》」「日至《ひいたり》」という文字で解釈する学者もいる。このような「日」を含む語源説明は古来の太陽崇拝を背景にしているようだ。

興味深いことに中国語では東を左、西を右で表す。「関左《かんさ》」と書けば「関東」のこと。南を向けば、左は東である。天子南面で左右の方位を決めたのだろう。南を前面とする見方は日中共通といえる。

日本古代文学が専門の阪下圭八氏は『歴史のなかの言葉』（朝日新聞社、一九八九）で次のように説明する。

白鳥庫吉に、弓をひくときのそれぞれの手の形にもとづく、との説がある。弓を持つ方は、真直《まっすぐ》に伸ばされるから〈直《ヒタ》り〉で、矢をつがえる方は、屈曲するから〈曲《マガ》り＝ミギリ〉だという。この説、言語学的に成立可能かどうかはさて措き、左右の手の、形状の対称性と機能上の非対称性が、うまくとらえられていると思う。〈右利き〉は人類共通の現象で、日本人とて同様なわけだが、そうした右手の働きぶりを曲で、働きの少ない左を直であらわしたことになる。

右＝曲のマイナスイメージに異を唱えたのは言語学者の新村出氏。「右手の利用を全然無視するような命名」だと疑問を呈し、著書『新編・琅玕記《ろうかんき》』（旺文社、一九八一）にこう記す。

　とにかく右手は便利適応の具であって、巧者な器用ながわであってみれば、これを曲と考える考え方はいかがであろうか。……ミギまたはミギリの語源を考究した人は稀《まれ》であるが、私はこの点については語源論者として定評ある貝原益軒が『日本釈名』において、ミギリはニギリ（握）であると説いた考えは例外に採用してよいと思う。古来ミの音とニの音は往々相通う例がある。

新村氏は、右手が把握に適することからミギリと名づけられた、というのである。

では、前節につづき、「左右」に関する言い回しを集めて、その源を訪ねてみよう。

【左ゆがみ】

夫が妻より劣っていること。貧しい夫が身分不相応で不釣合いの妻を持つこと。『源平盛衰記』に、右中将家継が過ぎたる妻を娶《めと》り出世したので、人々が家継を「左ゆがみ」の右中将と笑ったとある（新村、一九八一）。

打球楽。右手に毬杖を持つ（宮内庁楽部）

復元した毬杖（広島県立歴史博物館・草戸千軒Ⅰ展示室）

中世では、優位にあるべき男（左）が劣るのを「ゆがみ」と捉《とら》えていた（阪下、一九八九）。左を男とする見方は俗信にもうかがえる。「左孕《ひだりばら》みは男の子　右孕みは女の子」。胎児が左腹に偏っていれば男児、逆に右腹に孕んでいれば女児という。

【左思いに右そしり】

左耳がかゆければ人から思われているしるし、右耳がかゆければ人から悪口を言われているしるし。青森県五戸では「左耳がほてると誉《ほ》められている。右耳がほてると悪口を言われている」という。いずれも、かつての左尊右卑を彷彿《ほうふつ》させる俗信だ。

【左ぎっちょ】

左利きに対する蔑称。原義は「左器用」で、キヨウがキッチョに転訛した。左手を巧みに使いこなす様子に感嘆して発した言葉だろう。不器用がブキチョウに転じ、さらにブキッチョと促音化した例も同様。

「ギッチョ」の由来を毬杖《ぎっちょう》に求める説もある。毬杖はゴルフクラブのような長い棒で、これを使って木製の毬《まり》を打ち合う遊びが鎌倉時代に盛んに行われた。雅楽師・東儀秀樹氏（二〇〇〇）によると、この遊びが様式化されて舞楽の曲「打球楽《たぎゅうらく》」になった。「打球楽」では右手に毬杖（桴《ばち》）を持って舞う決まりになっているが、ある日、舞人のひとりが左手に持って舞った。それをみんなに「左手にギッチョウだ」と指摘され、以来、左利きを「左ギッチョウ（左ギッチョ）」と呼ぶようになったという。

【牛耳《ぎゅうじ》を執《と》る】

首領となって意のままに操ること。古代中国で諸侯が盟約するとき、いけにえの牛の左耳を割いて血を取り、その血をすする儀式が行われた（山口修、一九九八）。牛耳を執るのは盟約の主宰者だった。「牛耳」の語は春秋時代の書物に多く見られるが、周の時代には現れる。その周では左を重んじていた。すると、右耳ではなく左耳を執るのは左尊の風とつながるのか。現在は一般に「牛耳る」という。

第二章◉右か左か……

1 男雛・女雛の並べ方

三月三日の雛《ひな》祭りが近づくと、毎年のように、内裏雛《だいりびな》の並べ方をめぐる話がメディアで取り上げられる。日本人が男女の左右をどう見てきたか、を問いかけることでもあり、大変興味深い。

現在の飾り方は男雛を向かって左に、女雛を向かって右に並べるのが一般的である。その代表は関東雛（江戸雛）だ。一方、京雛は男雛・女雛の左右が関東雛とは逆になる。この京雛の飾り方が古風とされている。

関東雛

京雛

雛祭りが盛んになった江戸時代[*1]は、絵画から推測すると、女雛を向かって左に置くのが普通だった（山田徳兵衛、一九八四）。

歌舞伎に詳しい服部幸雄氏（一九八六）は、江戸中期の安永七年（一七七八）、大坂角の芝居で上演された『金門五山桐《きんもんごさんのきり》』の絵本番付を紹介、その中で傾城《けいせい》九重が女雛の真似をして男

大坂角の芝居『金門五山桐』の絵本番付（部分）（服部幸雄『大いなる小屋』平凡社，1986，154頁より）

京都御所紫宸殿

男女ペアの双体道祖神（長野県安曇野市）　握手をしたり，酒を注いだり……ほほえましい路傍の神。江戸後期～明治のものが多い。確認した限りでは男子はすべて向かって右。内裏雛の古風な並べ方と同じ

と祝言をあげる場面に注目した。そこには男雛が向かって右、女雛が左に描かれている。背後に見える本物の雛人形も同じ位置関係である。

ところで、内裏雛の内裏とは皇室の私的な住居をいう。平安京の内裏の中心には正殿《せいでん》の紫宸殿《ししんでん》があった。この紫宸殿は南に向かって建てられていて、天皇は南面して着座する。[*2] 平安時代、宮中の警備を担当した役所に近衛《このえ》府や兵衛《ひょうえ》府があった。それぞれ内裏の東西に一対あり、左右の名を冠した。[*3] 左右は、南面する天皇の御座所から見て決まるので、左近衛府《さこんえふ》（略して左近）は内裏に向かって右（東側）に、右近衛府《うこんえふ》（右近）は向かって左（西側）に位置する。

ついでに言えば、紫宸殿の前庭、南庭《なんてい》に植えられた左近の桜も同様に向かって右、右近の橘は左にあ

る。左近、右近の呼称は南庭で行事がある際、桜と橘を目印に左右の近衛府の役人が並んだことからきたとも、それぞれの役人が樹木の育成を担当したからともいう。

内裏とその周辺にある宮殿、官庁をひと括《くく》りにして大内裏《だいだいり》という。大内裏の南面中央に朱雀《すざく》門があり、そこから南に向かって朱雀大路が延びる。大路の東側を左京、西側を右京と呼び、今も京都市の区名に残る。これも内裏で南面する天皇からみた左右である。

平安京の役所の組織は中国・唐にならったもので、唐では左を上位としていたため、左近衛府は右近衛府より格が上で、左大将《さだいしょう》（左近衛府長官）のほうが右大将より上位とされた。また、太政官《だいじょうかん》制では左大臣が右大臣より上位だった。

こうした左上位の考え方、じつは大陸から伝来する以前の日本に既《すで》にあったとみられる。日本には古くから太陽信仰があった。[*4] 日輪の輝く南に向かうと、左は日の出る東にあたる。そこで左を、日の没する西、つまり右よりも重んじたという。前節のとおり、左は日出方《ひいだり》の意味だとする説もある。

内裏雛のモデルについては男雛が宮中における天皇の、女雛が皇后の姿をかたどっていると一般には考えられている。しかし、宮内庁書陵部の見方は違う。

「儀式書をみると平安初期には元日節会の際、豊楽殿《ぶらくでん》の中央に南面して天皇の御座が置かれ、その西（向かって左）に皇后の御座を配したとあります。しかし、平安時代以来、即位礼をはじめとする宮廷儀式に皇后は出御しないのが普通で、天皇だけが大極殿《だいごくでん》や豊楽殿、紫宸殿などの中央に着座されました。古くから天皇は向かって右、皇后は向かって左に着座していたと断定できるかどうかは疑問です」

内裏雛のイメージは天皇・皇后であっても、並び方まで模倣していたとはいえないようだ。内裏雛の本来の飾り方は両陛下の御座の位置にならったとするよりも、日本古来の左上位思想に影響されたとみるべきだろう。江戸時代は男尊女卑の考えが強く、男雛を女雛からみて上位の左、つまり向かって右に置いたのである。

ときは移って明治。左よりも右を重んじる西洋の習慣が入ってくる。西洋では夫婦そろって儀式に出席するのが普通である。外交のためにも両陛下の臨席が一般的となった。両陛下が初めて西洋風の並び方をされたのは明治七年（一八七四）一月一日のこと。各国公使などの年始のあいさつを一緒に受ける際、天皇は皇后から見て上位の右、つまり向かって左に、皇后は向かって右に並ばれた。その後、洋風の並び方は徹底されていく。

高御座と御帳台。天皇の御座・高御座は紫宸殿中央で南面，向かって右側に皇后の御座・御帳台を置く（読売新聞社提供）

明治三二年（一八九九）、両陛下の写真（御真影《ごしんえい》）の掲げ方について文部大臣秘書官が宮内省に照会した。これに対して宮内省は「右ヲ以テ天皇陛下ノ御位（臣下ヨリ向テ左手ニ拝シ奉ル）トスル事ニ相成居候」と回答している（佐藤秀夫編、一九九四）。さらに、明治四二年（一九〇九）二月、天皇の践祚《せんそ》・即位の儀式を定めた「登極令《とうきょくれい》」が公布され、「即位禮當日紫宸殿ノ儀」にはおおよそ次のように記された。「母屋ノ中央南面ニ高御座ヲ安ク。高御座ノ東方ニ皇后ノ御座ヲ設ク」。つまり、天皇は紫宸殿中央の高御座《たかみくら》につき、皇后は天皇の左側（向かって右側）の御帳台《みちょうだい》につく、と。

大正四年（一九一五）一一月一〇日、大正天皇の即位礼の際は京都御所紫宸殿で定めのとおり御座が置かれた。ただし、皇后はご懐妊のため東京に残られた。したがって、天皇・皇后がともに紫宸殿に出御された即位礼は昭和天皇のとき（昭和三年〈一九二八〉一一月一〇日）が初めてである。

この昭和天皇の即位礼に出御された両陛下の左右にならい、さらに御真影の左右も考慮に入れて、東京の雛人形業界が、それまでの内裏雛の左右を改め、男雛は向かって左に、女雛は向かって右に置くことにした。内裏雛の今様がここに誕生した。

ところで、花婿・花嫁を「まるでお雛様のようだ」と形容するが、披露宴の新郎・新婦の左右もどうやら宮中の両陛下の並び方を写しとったらしい。

＊1　雛人形の源流は二つ考えられる。一つは平安時代、三月の上巳《じょうし》（初めの巳《み》の日）に紙や植物で作った人《ひと》形《がた》に穢《けが》れを移し、これを身代りとして水に流した行事。もう一つは同じころ行われていた、貴族の女児が紙人形を作って遊ぶ「ひいな遊び」。双方が結びつき、立雛が誕生。やがて室内飾り用に、より安定した座り雛が生まれる。江戸時代中ごろには現在の段飾りが現れた。

＊2　中国では、天子（皇帝）は北の空に不動の姿で輝く北極星にたとえられた。そこで天子は「北に座して南に面す」。この天子南面思想により、都城（天子の住む首都）では天子の宮殿が北端に置かれた。その配置は隋（五八一～六一八）・唐（六一八～九〇七）の長安城や洛陽城にみられる。日本の平城京（七一〇～七八四）や平安京（七九四～一八六九）の都市プランはこれを模倣し、自然、「天子南面思想」を受け入れたと思われる。この思想の影響で古代の寺社も南向きに建てられた。

なお、中国の古代都城ではもともと必ずしも宮殿が北端に置かれていたとはいえない。前漢（前二〇二～

後八）の長安城では西南に、北魏《ほくぎ》（三八六〜五三四）の洛陽城では中央北寄りに位置。日本初の本格的な都城、藤原京（六九四〜七一〇）はそのほぼ中心に宮が配置されていて、中国の理想の王城をかたちにしたともいわれる。

＊3　中国・唐では中央官庁の中書省《ちゅうしょしょう》が宮城内の西にあって西省（右省）、門下省は東にあって東省（左省）と呼ばれた。日本で官庁を左右に分けたのは唐の影響があるのだろう。しかし、中国の都城には左京・右京の呼称はなかった。平城京や平安京は東西を左京・右京と呼ぶなど、左右並立の意識がより強くみられる。奈良・平安時代の人々は左右対称を理想としていたと考えられる。なお、近衛府などは東西に位置するが、左右の馬寮《めりょう》は大内裏の南西角に南北に並んでいた。

＊4　男児の名に彦をつけ、女性を姫と呼ぶのは、それぞれ「日・子」、「日・女」の意で、太陽の力を受けた男女を示す。七世紀末に決まった日本という国号そのものが太陽信仰を背景にしていて、日の出の方角、東を意味する。

太陽の恵みに浴す習わしは民間に脈々と伝えられている。近畿地方では彼岸の中日に、午前中は「日迎え」といって太陽の昇る東に向かって歩き、午後は「日送り」といって日の沈む西に向かって歩く。これを「日のお伴《とも》」と呼ぶ。正月に初日の出を拝んだり、高い山に登ってご来光を迎えたりする風習は広く行われている。

右往左往
コラム②

銭湯の入り口

銭湯の男湯・女湯の入り口は、左右のどちらにあるのだろう。広島市内の銭湯を無作為に選び出し、電話で尋ねたことがある。合わせて五〇軒のうち、男湯の入り口は向かって左が二八軒、右が二二軒だった（調査・一九八六年）。この結果からすると、「男湯は左」がやや優勢である。

男湯は左，女湯は右（広島市南区）

左右を決めた理由も併せて聞いた。「二階が住まいになっているので、階段を取り付けたほうを男湯にしています」「玄関のあるほうに男湯の入り口をもってきました」「銭湯の傍らに路地があるので、そちらを男湯にしています」などの返答があった。いずれも、人目が気になる女湯への配慮が働いている。しかし、男湯・女湯について多くの銭湯は、さほどの理由もなく配置を決めていることが分かった。

湯銭を取る銭湯は遅くとも鎌倉時代には誕生している。江戸には天正一九年（一五九一）ごろ蒸し風呂形式の銭湯が出現、一七世紀初めには町ごとに風呂屋があるほど人々の暮らしに銭湯は欠かせない存在になっていた（大場修、一九八六）。では、江戸の銭湯で男湯・女湯はどのように配置されていたのか。

それを知る手がかりが、江戸時代の風俗を記

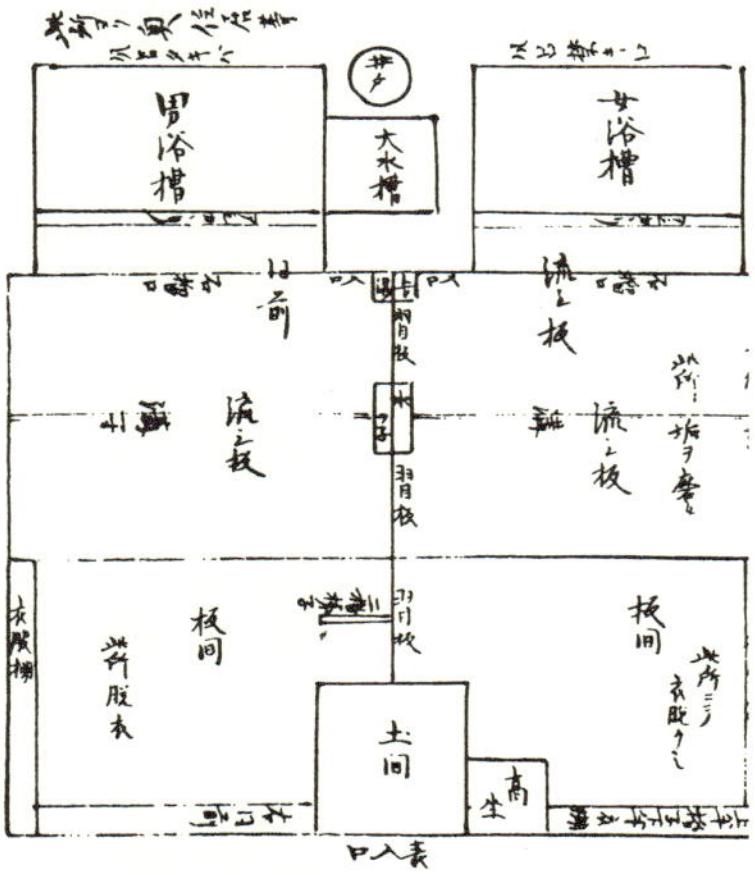

※此所ヨリ奥、住居等。
風呂焚キ口、女浴槽、アガリカマチ、井戸、大水槽、
風呂タキバ、男浴槽、アガリカマチ
石榴口、流シ板、入口、上リ湯、入口、同前、石榴口
流シ板僮ニカウバイアリ、此所垢ヲ磨ル、流シ板、溝、
羽目板、水フネ、羽目板、流シ板、溝一寸。
衣服戸棚、此所ニテ衣脱グ也、板間、羽目板、二階梯子、
板間、此所脱衣、衣服棚。
上半格子、下半衣棚、高坐、土間、右同前。
表入口

江戸の銭湯。男湯は左，女湯は右（喜田川守貞『守貞謾稿（巻之二十五　沐浴）』所載）

した随筆『守貞謾稿《もりさだまんこう》』（喜田川守貞、一八五三）にある。その中に銭湯の平面図が描かれている。建物に向かって男浴槽が左、女浴槽が右に配置されている。したがって入り口の左右関係も同様である。守貞はこう記している。

江戸は従来、男槽・女槽を別つ。……けだし、右図、右女左男とすれども、あるひは右男左女湯もあり。

入り口の左右はまちまちだったのである。しかし、図に掲げたところをみると、おおむね向かって左に男湯の入り口を、右に女湯の入り口を配していたと察することができるだろう。

武田勝蔵氏は『風呂と湯の話』（塙書房、一九六七）で、現在の銭湯入り口は向かって左側には男湯、右側には女湯が多いと指摘、これは江戸時代の習慣だと述べている。さらに、「これは正しい内裏雛（親王飾り）の男人形と女人形の位置によったもの」であるとしたうえ、次のように言う。

雛の人形は向かって左が男子、右が女子となることから、銭湯の湯槽も内裏雛の位置となり、自ら男女の入口が習慣上定まったのである。現在は左右の建物等の関係から、これが守られないようになったのである。

「内裏雛」の節で触れたとおり、昭和初期まで男雛は通常、向かって右に置かれていた。このため、江戸時代までさかのぼって「男湯は左」を内裏雛と結びつけて解釈するのは無理がある。ただ、現在の銭湯の入り口が内裏雛の左右から影響を受けている可能性はあるのかもしれない。

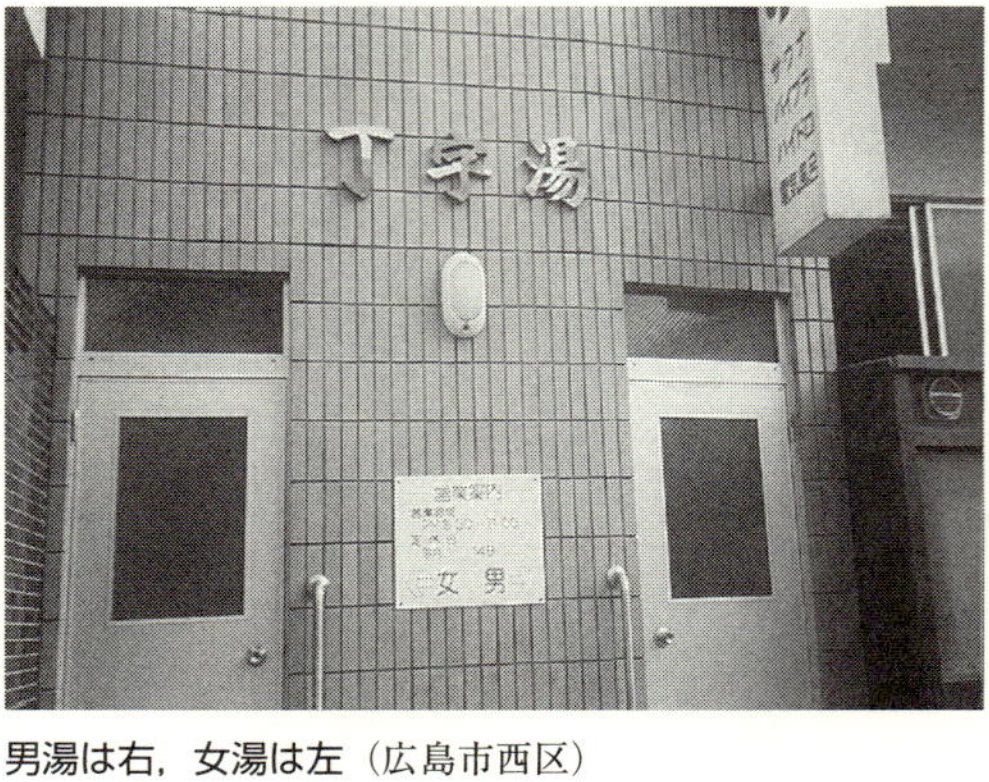

男湯は右，女湯は左（広島市西区）

2 左舞と右舞

舞楽のふしぎ

宮島・厳島神社
左右一対の横長の建物が楽房。向かって右が左楽房

笙《しょう》や篳篥《ひちりき》の音色が流れ、華麗な装束を身につけた舞人《まいびと》が優美典雅に、あるいは鉾《ほこ》や太刀を持って勇壮に演じる——。世界遺産・厳島神社（広島県廿日市市）で神様に奉納される舞楽。舞楽とは雅楽のうち舞を伴うものをいう。*1 厳島の舞楽は平安時代末期、平清盛が難波・四天王寺から移したことに始まる。以来、八〇〇年以上にわたって受け継がれてきた。現在は年間一〇回行われている。

厳島神社で舞人が舞楽を演じる場所は高舞台《たかぶたい》、そして楽人《がくにん》が演奏する場所は楽房《がくぼう》という。楽房は舞人の控え室でもある。いわば「楽屋」。本来、この楽屋という言葉は楽房と同じ意味で雅楽に由来する。

楽房は東西に一対あり、西の楽房を左楽房《さがくぼう》、東側を右楽房《うがくぼう》と呼ぶ。楽房の左右は海側からではなく、神社本殿（神様）から見て名づけられた。

なぜ楽房が左右に分けて設けられたのか、その理由は単に左右対称の建築美にあるわけではない。

種明かしの前に、舞楽の歴史を振り返ってみよう。日本には五世紀から八世紀にかけて朝鮮半島や中国などアジア各地からさまざまな音楽が伝えられた。こうした音楽の多くが舞を伴っていた。いわゆる舞楽だ。大宝元年（七〇一）に制定された大宝律令で、国立の音楽舞踊学校である雅楽寮《うたまいのつかさ》を設置、日本古来の歌や舞のほか外来の音楽も教えた。このように日本固有の音楽と古代アジアの音楽が融合して、日本の雅楽を形成していく。

そして平安時代――。外来の多種多様な音楽が日本人の好みに合うように整理される。雅楽の楽制改《がくせいかい》革《かく》だ。九世紀前半、仁明《にんみょう》帝の時代に取り組まれたという。この改革で雅楽は二種類に編成された。左《さ》方《ほう》（「さかた」とも）と呼ばれる唐楽《とうがく》と右方《うほう》（「うかた」とも）と称される高麗楽《こまがく》である。唐楽は中国系の音楽を中心に林邑《りんゆう》（ベトナム）や天竺《てんじく》（インド）の音楽を含み、高麗楽は百済《くだら》・新羅《しらぎ》・高句麗《こうくり》の三韓楽を中心に渤海楽《ぼっかいがく》を含む。

左舞の蘭陵王（厳島神社，この節はすべて同神社）

舞楽も、唐楽の伴奏による舞を左方の舞（左舞《さまい》）、高麗楽の伴奏による舞を右方の舞（右舞《うまい》）として整理した。

舞楽を演じるときは、左舞と右舞を一曲ずつ組み合わせ、まず左舞を演じてから、次に右舞を披露するのが慣例とされている。この左右対《つい》の舞を番舞《つがいまい》という。しかし、左舞と右舞なら、どんな組み合わせでもよいわけではない。そこには、おのずから好ましい取り合わせがある。

左舞用の管楽器・笙

	管楽器	打楽器
左舞	笙《しょう》，篳篥《ひちりき》，龍笛《りゅうてき》	鞨鼓《かっこ》，太鼓，鉦鼓《しょうこ》
右舞	篳篥，高麗笛《こまぶえ》	三ノ鼓《さんのつづみ》，太鼓，鉦鼓

舞楽の伴奏楽器

わたしは宮島・厳島神社でこれまで何度か舞楽を鑑賞した。二〇〇八年五月、推古天皇祭遥拝式で神事に引き続き、舞楽が六曲奉納された。なかでも著名な蘭陵王《らんりょうおう》（陵王）のダイナミックな舞には詰め掛けた見学者も目を見張っていた。

蘭陵王は左舞である。伴奏の唐楽が左楽房から聞こえ始めた。赤い装束をつけた舞人は左楽房を出て高舞台へと向かう。舞い終わると、左楽房に戻る。次は番舞の相手（答舞《とうぶ》）である右舞の納曽利《なそり》。今度は右楽房で高麗楽を奏する。萌黄《もえぎ》色の装束をつけた舞人は右楽房から高舞台へ向かう。終わると、右楽房に帰っていった。

これで左右の楽房を設けた謎が解ける。左方の唐楽・左舞と右方の高麗楽・右舞を厳格に演じ分けるため、それに対応してわざわざ楽房を一対にしているのである。大阪・四天王寺の舞楽でも左方の舞人は左の楽舎から、右方の舞人は右の楽舎から出る。音楽も左右の楽舎でそれぞれ演奏している。

左舞と右舞を見分けるよい方法がある。その一つは楽器。舞楽の伴奏楽器は表のとおりである。

大きな違いは右舞には笙が使われていない点である。ただし、右方の抜《ば》頭《とう》・還城楽《げんじょうらく》・陪臚《ばいろ》では笙を使う（清水淑子、二〇〇四）。舞楽に使われる巨

左舞の萬歳楽

右舞の延喜楽

大な太鼓も左舞・右舞で違う。左舞では鼓面に三巴《みつどもえ》、火焔部分に龍の彫刻があり、上部に太陽を表す日形《にちぎょう》をつける。右舞は鼓面に二巴、火焔部分に鳳凰の彫刻、上部に月を表す月形《げつぎょう》をつける。

見分け方の二つ目は装束の色。原則的に左舞の舞人は赤系統の装束、右舞の舞人は緑系統の装束をつける。たとえば、番舞で演じる左舞の萬《まん》歳楽《ざいらく》と右舞の延喜楽《えんぎらく》である。しかし、抜頭・還城楽・陪臚は右舞であっても左舞と同じ赤系統の装束をつける（清水、二〇〇四）。

左舞と右舞は足の運び方からも判別できる。厳島神社の神職の話では、左舞の舞人は楽房を出るとき、左足から踏み出し、高舞台の下にくると左足を先行させて舞台に上がる。舞台に立つとまたも左足から踏み出す。そして、舞い終わり引き揚げるときは、舞台を左足から下りていく。右舞はその逆で右足を優先させるという。左舞の舞人は左足から進退し、右舞は右足から進退するのが決まりなのである。

さて、ここまで左方・左舞、右方・右舞という言葉をたびたび使ってきたが、なぜ唐楽を左方、高麗楽を右方と分けたのか。じつは、左右二部制になったいきさつは定かではない。一説に、雅楽を演奏する人たちのうち、唐楽の奏者を京の左京に住まわせ、高麗楽の奏者を右京に住まわせたから、という。

左舞の舞人は左足から高舞台へ（萬歳楽）

雅楽が唐楽と高麗楽の二つに大別された平安時代は、左京・右京や左大臣・右大臣など、左右に分けて考える思想が強かった。この影響で二部制になったという説もある。

あるいは、平安時代初期（八〇七年）に左右に分かれた近衛府は楽舞《がくぶ》にも携り、それを交互に演じる中で左右の組み合わせが生まれたともいわれる（芝祐靖ほか、二〇〇六）。

そして当時、左は右よりも上位とされていた。中国系の音楽を朝鮮半島系よりも優位と見たため、唐楽を左方と定めた、と考えられる。*2 このため、高麗楽による右舞が、左舞の答舞として位置づけられた、と民族音楽学者の藤井知昭氏（一九八三）は述べている。

*1　雅楽は三つに分類される。①日本に古くから歌い継がれてきた国風歌舞《くにぶりのうたまい》、②外来音楽をもとに編成された唐楽・高麗楽による管絃（舞を伴わない音楽）と舞楽（舞を伴う）、③一一世紀ごろ、日本の宮廷貴族によって始まった歌物《うたいもの》（朗詠《ろうえい》・催馬楽《さいばら》）——である。なお、管絃の演奏は現在、唐楽だけ。また、管絃で使う絃楽器（箏《こと》や琵琶）を舞楽では使わない（東儀秀樹、二〇〇〇）。

*2　左右に分かれた舞楽は陰陽思想と習合した。相反する陰と陽の二つの気から万物が生成されるというもので、左（唐楽・左舞）を陽、右（高麗楽・右舞）を陰として、番舞を演じる。陰陽思想は舞人の装束の赤・緑にも反映した。左舞用の大太鼓《だだいこ》に日形の飾り、右舞用の大太鼓には月形の飾りをつけるのも同様（芝祐靖ほか、二〇〇六）。

右往左往
コラム③

賀茂競馬

舞楽装束を身につけた騎手が二〇〇メートル余りの直線コースで馬を競わせる――。

そんな古式ゆかしい神事が毎年五月五日、京都市内で続けられている。北区・上賀茂《かみがも》神社境内で行われる賀茂競馬。「けいば」ではなく、「くらべうま」と読む。

参道を進む右方・左方の乗尻（騎手）。京都市北区・上賀茂神社

一ノ鳥居から二ノ鳥居にいたる参道の西側が馬場で、その両側には埒《らち》と呼ぶ柵が設けられる。当日、埒に沿った観覧席などに大勢の人たちが詰めかける。

五月五日の節会には天下泰平・五穀豊穣を祈り、もともと宮中・武徳殿《ぶとくでん》で近衛府の官人が左右に分かれて競馬会《くらべうまえ》を開いていた。これが寛治七年（一〇九三）、上賀茂神社に移されたという。そこで当初は、賀茂競馬も左右近衛府の官人が奉仕していた。その後、賀茂の氏人《うじびと》が官人からそれまでの儀式・乗り方を引き継いだ。

馬の騎手は乗尻《のりじり》といい、平安の昔そのままに左方《さかた》と右方《うかた》に分かれる。そして左右から一頭ずつ出て競う。古くは一〇番で勝敗を決したが、近年は六番（一二頭）で実施している。

目を引くのが、乗尻の服装。宮中の競馬で左右の近衛府の官人がつけていたものと同じ舞

二頭が疾走する賀茂競馬

埒内の乗尻

楽装束である。左方は左舞の打毬楽《たぎゅうらく》（打球楽）、右方は右舞の狛桙《こまぼこ》の装束をそれぞれ着用する。左方は赤色、右方は褐色。舞楽にみる「左舞の赤、右舞の緑」の対比を思わせる。

　神事の世話人に聞くと、かつては競馬が終わると勝ち方が舞楽を演じたという。左方が勝つと左舞の蘭陵王を、右方が勝つと右舞の納曽利を舞った。賀茂競馬には舞楽の左右が見事に転写されている。

　左右でいえば、勝敗の行方も興味深い。団体戦で左方が勝てば、その年は豊作になるという。さらに一番目の勝負は必ず左方が勝つことに決められている。左方が先に走り、その後、右方が走るのである。

　なぜ、そこまでして左方に重きを置くのか。平安時代の尊左思想がいまに尾を引いていると考えて差し支えないだろう。

3 国会議事堂の謎

衆参両院の左右

二院制をとる日本の国会。衆議院と参議院を比較した場合、どんな違いがあるのだろうか。たとえば、任期、被選挙権、解散の有無、首相指名や条約の批准承認案・予算案・法案の議決にみる衆議院の優越……。

次に右か左か、に着目してみると、まず、本会議場の議席の振り分け方が違う。衆議院は先例集によると一九五五年以来、議長席から見て右側から第一党、第二党……と議席の多い順に並ぶ。一方、参議院規則では議席は議長が指定することになっていて配置に関する規定・基準はない。参議院では慣例として四七年の第二回国会以来、第一会派の議席を中央に配し、第二会派以下は規模に応じてその左右に配置されている。

投票の際の議員の回り方も違う。これを理解するには両院の本会議場の配置を頭に入れておく必要がある。

国会議事堂は中央塔をはさんで左右対称に建てられていて、向かって左が衆

国会議事堂

議院、右が参議院である。議席は衆議院が扇を右に開き、参議院が左に開いた形になっていて、両院の議長席は向かい合う。

衆議院先例集によると、衆議院本会議場における記名投票は議長選挙の例にならうとある。議長選挙については、明治二三年（一八九〇）の第一回帝国議会で定められた手続心得におおむね次のように記されている。

各議員ハ議長席ノ右方ヨリ順次演壇ニ登リ議長席ノ左方ヨリ降テ席ニ復ス

つまり、議長席からみて右から回るので時計回り（右回り）である。この回り方は第一回帝国議会から続く。

一方、参議院の記名投票はどうか。先例録にはこうある。

議長席に向かって右方から演壇に登り、（中略）議長席に向かって左方から降りて、席に復する。

議長席に向かって右から、なので反時計回り（左回り）となる。先例録では、一九四七年の第一回国会から左回りで記名採決が行われていたことは確認できる。

こうした投票時の回り方について、その理由を衆参両院の事務局に尋ねた。衆議院文書課は「公的には確認できません」。参議院広報課も「諸説ありますが、はっきりした理由は分かりません」という返事だった。

両院の回り方について前田英昭氏（二〇〇七）は「太陽が東から昇って西に沈むように、投票もそれに合わせたと言われる」という。

方角でいえば、議事堂は正門が東、衆議院が南、参議院が北に配置されている。衆議院を右回り、参議院を左回りにすれば、両院とも議員は東から演壇にあがり、西からおりることになり、太陽の運行と同じになる（朝日新聞、二〇〇六年三月二五日付朝刊）。

参議院の名称を決める際は、衆議院との組み合わせで左院・右院の案も出たという。それほど、両院の左右配置は印象的だといえる。では、そもそも、衆議院と参議院（一九四七年～。前身は貴族院）の左右配置はどんな理由で決まったのだろう。

参議院広報課は『帝国議会議事堂建築報告書』の「議院建築調査会決議」（一九一八年）を取り上げ、その中に次の記述があるという。

　本会は両院事務局の意見と欧米諸国に於ける実例とを参照攷覈《こうかく》し、建物はこれを貴族院翼、衆議院翼、中央部の三部に区分し、旧来の慣例に従いその左翼を貴族院右翼を衆議院に充て……

ここでいう左翼は向かって右側、右翼は左側だという。そこでこう指摘する。

「『両院事務局の意見』と『旧来の慣例』については、どのようなものか記録がありませんが、『欧米諸国に於ける実例』として英国議会が含まれていると考えられます。その英国議会は上院が左翼（向かって右側）になっています。この例が両院の配置を決めた理由の一つと思われます」

貴族院は皇族・華族・勅任議員から成り、上院の一種であった。参議院が向かって右に配されている背景は浮かんできた。しかし、「旧来の慣例」が気になる。日本古来の左右観が絡んでいるのではないか。

衆議院秘書課が、「あくまで憶測ですが…」と前置きをして、こんな見方を示してくれた。

「国会議事堂の正面から皇居に向かうと、貴族院は左側に配置されていたことになります。左が上席とされていた古式に則って、そのようにしたのではないでしょうか」

どうやら、先の「旧来の慣例に従いその左翼を貴族院」は、皇居に向かった場合の左、を意味していたと思われる。が、なお釈然としない点が残る。なぜ皇居に向かって、なのか……。

議事堂建設の動きは明治時代にさかのぼる。明治政府にとって諸外国と対等な国交をすすめるためには不平等条約の改正が大きな課題だった。そこで外務卿・井上馨は対外的な威信を示すため、諸国に引けをとらない官庁街を整備しようと官庁集中計画に着手。ドイツから招聘《しょうへい》された二人の建築家、ヘルマン・エンデとウィルヘルム・ベックマンが明治一九年（一八八六）に計画をまとめた。翌年四月、議事堂の建設場所は麴町区永田町（現・千代田区永田町）にすることで閣議決定された。

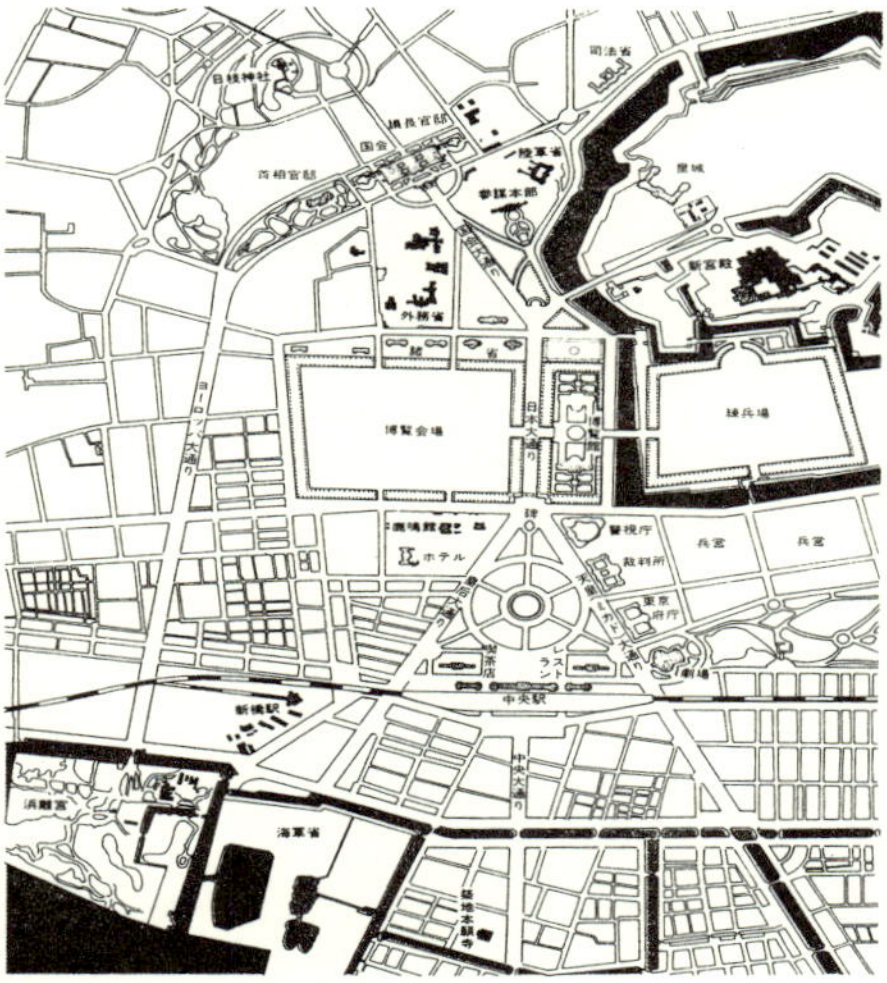

官庁集中計画ベックマン案
（東大藤森研究室蔵，藤森照信『日本の近代建築（上）幕末・明治篇』岩波新書，1993，199 頁より）

　プランを見ると、現在の議事堂の左後ろの位置に国会議事堂が描かれ、その正面から国会大通りが今の日比谷公園あたりに向かって延びている（鈴木博之、一九九九）。それは議事堂と皇居桜田門前を結ぶ、現在の直線道路を思わせる。この図面には天皇大通《ミカド》りや皇后大通りも書き込まれていて、天皇中心の帝都構想の中に議事堂が位置づけられていたことがうかがえる。

実際、この図面は宮中で井上馨立ち会いのもと、ベックマンから明治天皇に献上された（藤森照信、一九九三）。

しかし、官庁集中計画は多くの費用と期間を要する。そこで、とりあえず仮議事堂が明治二三年（一八九〇）一一月、日比谷の一角に建てられ、同月、貴族院議場で明治天皇を招いて開院式が行われた。仮の建物だから、木造二階建てで、現在の議事堂とは比べ物にならないほど小ぶりだった（山室建徳、一九九三）。この仮議事堂について、石井研堂は『明治事物起原』のなかで、「正面右方の広堂が貴族院、同左方が衆議院なり」と述べている。つまり、議事堂内の両院の配置は当初と何ら変わっていないのである。

現在の国会議事堂は官庁集中計画から半世紀後の一九三六年、ベックマン案の永田町に帝国議会議事堂として建てられた。地下一階、地上三階の鉄骨鉄筋コンクリート造り。中央塔は約六五メートルの高さを誇る。

当時の二院は貴族院・衆議院であり、議会は大日本帝国憲法のもと、天皇の協賛機関だった。両院の左右配置や、議事堂と皇居を結ぶ一本の直線道路からは、主権や立法権が天皇にあった時代の空気が読み取れる。

なお、貴族院が北側に設けられた理由について、議事堂建築に携わった小林正紹氏がインタビューにこう答えている（一九七一）。

「玉座が南面していなければいけないというわけで、これは仮議事堂の頃からそういう位置になっておりました」

国会の開会式が行われる参議院には天皇の席、通称「玉座」がある。そこに中国の天子南面思想が反映しているというのである。

諸説を認めるとすれば、両院の配置には少なくとも英国・日本・中国三か国の要素が入り混じっていることになる。

4 植物の螺旋
……………蔓・花の世界

朝顔につるべとられてもらひ水　　加賀千代女

あまりにも有名な句。つましい暮らしのなかにも小さきものへの愛惜を感じとることができる。いま、日常の風景から井戸の水汲みは消え、まして桶の縄に絡まる蔓《つる》の光景などを目にすることはない。

アサガオが属するヒルガオ科の科名はConvolvulaceae。「巻く」あるいは「絡む」を意味するラテン語がもとになっていて（大場秀章、一九九四）、特徴的な蔓に着目して命名された。では、そのアサガオ

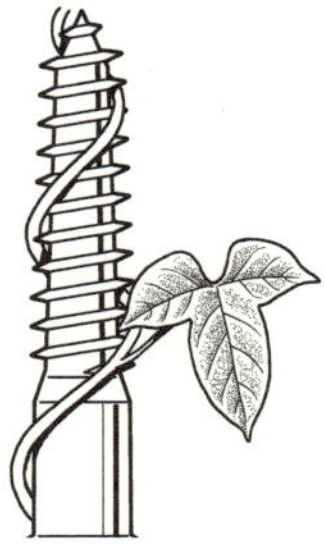

右ねじとアサガオの蔓
（『週刊朝日百科・植物の世界』第９号，朝日新聞社，1994，1-286をもとに作成）

アサガオの蔓は右巻き

の蔓は右巻きか、それとも左巻きか……。

じつは図鑑・事典によって左右両方の記述が入り乱れている。学者によって巻きの見方が違うため、混乱するのだ。支柱に巻きついて伸びる蔓を横から見るか、上から見るかの違いである。横の視点では、蔓は左下から右上に向かっていて右巻きといえる。ところが、支柱の真上から観察すると反時計回りの左巻きに見える（鈴木三男、一九九四）。右巻きとみた学者にはリンネやダーウィンがいた。一方、左巻きと考えた日本の著名人に牧野富太郎博士がいる。

昭和五七年（一九八二）、東京で日本植物学会百周年記念の特別講演が開かれた。この席で植物遺伝学者の木原均博士が「植物における左右性」と題して熱弁をふるい、植物学でも動物学や物理学などと同様に、木ネジ（右方向に回すと進む右ネジ）の方向を右巻きとするよう提案した。これにより、自然界のすべての螺旋《らせん》を同じ土俵で混乱なく議論できることになる。木原提案をきっかけに、植物の巻き方は木ネジ方式で決めることが普通になってきたようだ（根平邦人、一九八三・一九九八）。この方式を採用すると、アサガオの蔓は右巻きと定義される。本書もこれにならうことにする。

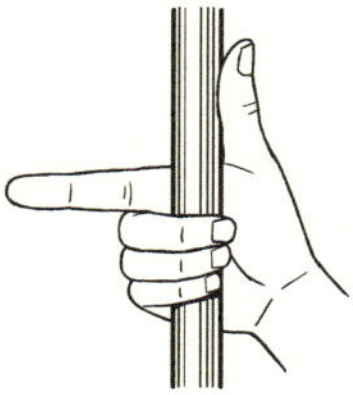

巻き方を覚える方法
（『週刊朝日百科・植物の世界』第９号，朝日新聞社，1994，1-286 をもとに作成）

巻きの方向を覚えるには、わたしたちの手を使う方法がある。手を握って親指と人さし指を立てる。親指の先を植物の成長する方向とみなして、人さし指を曲げる。右手の人さし指を曲げた方向に蔓が巻きついていれば右巻き。逆に、左手の人さし指を曲げた方向なら左巻きである（鈴木、一九九四）。

アサガオの蔓をほどいて左巻きに巻きつけようとした実験がある。

	左巻き	右巻き
マメ科*	フジ（ノダフジ）	ヤマフジ，クズ，ツルマメ，インゲンマメ
アケビ科		アケビ，ミツバアケビ，ムベ
ヒルガオ科		アサガオ，ヒルガオ
ネナシカズラ科		ネナシカズラ，マメダオシ
マタタビ科		マタタビ，キウイフルーツ
ツヅラフジ科		アオツヅラフジ，ハスノハカズラ
ヤマノイモ科*	オニドコロ	ヤマノイモ
ウマノスズクサ科		ウマノスズクサ
スイカズラ科	スイカズラ	
マツブサ科	マツブサ，チョウセンゴミシ	
アカネ科	ヘクソカズラ	
アサ科	カナムグラ，ホップ	
リンドウ科	ツルリンドウ	

＊同じ科に左右の巻きが見られるもの（根平邦人・1998，鈴木三男・1994をもとに作成）

ところが、そのまま左巻きとしては成長せず、右巻きに戻った。

植物の進化や生態に詳しい根平邦人氏（一九九八）によれば、蔓の巻き方はほぼ遺伝的に決まっていて、それが種《しゅ》を区別する決め手になっている場合があるという。その例として、フジの左巻きとヤマフジの右巻きを挙げる。どちらもマメ科だが、巻く方向が違う。ただ、一般には科が同じであれば、巻きも同じである。

右巻きと左巻きをまとめると表のとおりである。

身の回りの植物では右巻きが圧倒的に多く、左巻きは少数派であることが分かる。

ところで、同じ種であれば、すべて同じ巻きかと思いきや、さにあらず。キキョウ科のツルニンジンは何と左右両刀遣

アサガオのつぼみは左巻き

ネジバナの花序の右巻き・左巻き

ヘクソカズラの蔓は左巻き

い。右巻きに旋回していた蔓が垂れて、ほかの軸に移ると左巻きになったりする。逆に、左巻きが転じて右巻きに変身することもある。これは実験的にも確かめられている（根平、一九九五）。

次は花の螺旋である。ラン科のネジバナは花序が螺旋状にねじれている。根平氏（一九九八）によると、どこで調べても、左右両方の旋回が見られ、その頻度は左巻きがやや優位だったという。しかし、巻きを決める因子ははっきりしない。

花弁が重なると、そこにねじれが起きる。たとえば、アサガオがつぼみのときは、どちらに巻いているのか——。すべて左巻きである（根平、一九九五）。螺旋状のつぼみは種によって、その方向はほぼ決まっているが、バラの園芸品種の中には同じ品種でも左右両方の巻きをもつものがある（鈴木、一九九四）。

花弁が開いて旋回する場合も、花の右巻き・左巻きが問題になる。花弁をなぞってみて、向こうへ抜けてしまわない方向が右回りであれば右巻き、左回りであれば左巻きという（根平、一九九八）。アサガオは左巻き、リンドウは右巻きである。しかし、種によって左右の巻きがすべて一定しているわけではない。

同じアオイ科に属する、ハイビスカスとタチアオイの花を調べてみた。

すると、おもしろいことに左右両方の旋回が見られる。それはアオイ科にとどまらない。カタバミ科やオトギリソウ科も同様。いずれも、左右の旋回はほぼ半分ずつ出現するといわれている。

蔓と花を取り上げただけでも、植物の左右は深い謎に包まれていて好奇心をかきたてる。このほか、ネジキにみる幹のねじれやベゴニアにみる左右非相称の葉なども興味をそそる。

左右のメカニズムに切り込むには遺伝子レベルの分析が必要だろう。不思議の解明が待たれる。

右回りのハイビスカス

左回りのハイビスカス

右回りのリンドウ

左回りのニチニチソウ

5 台風
風の渦巻き

「二百十日《にひゃくとおか》の走《はし》り穂《ほ》」という。九月に入ると稲の穂が出始める。農家は台風の襲来に神経を尖らせる。そこで大風の災厄を避ける習わしが各地に伝えられてきた。東北や関東などでは竿《さお》の先に鎌を取りつけ、風上に向けて立てる。この「風切り鎌」が奈良県斑鳩《いかるが》の法隆寺五重塔にも見られ、塔の相輪に懸けられている。鎌が風の力を弱めてくれるという素朴なまじないだ。

気象衛星「ひまわり」から見た台風の渦巻き（気象庁提供）

ところで、台風とは何か。日本では「熱帯で発生する低気圧（熱帯低気圧）のうち、東経一八〇度以西の北太平洋や南シナ海で最大風速が毎秒一七・二メートル以上になったもの」を指す。一方、国際分類では最大風速が毎秒三二・七メートル以上になったものを**typhoon**と呼ぶ。仲間のハリケーンやサイクロンも同じ定義だ。[*1] 日本の定義と国際分類との違いにより、風速二〇メートルは「台風」ではあっても、「typhoon」ではない、ということになる。

台風は空気の巨大な渦巻きだ。木村龍治氏（流体力学）の『うずまきがいっぱい』（岩波書店、一九九八）によれば、台風の直径は一〇〇〇キロメートル程度にもなるが、高さは一六キロメートルくらいだという。平べったい渦の中をのぞくと、どうなっているのか。次のように解説する。

この厚さの中に、空気をすいこむ層、ぐるぐるまわっているだけの層、空気が吹き出す層の３つの層が重なっているのです。いちばん下の空気をすいこむ層の厚さは１㎞くらいです。この層は、海面に接触していて、海面から水蒸気を補給されています。中間の層は、厚さが10㎞くらいありま す。ここが、いわば台風の本体です。いちばん上の層は、厚さ５㎞くらいで、この層の中で、下の層で中心部に集まってきた空気が、外がわに吹きだします。

「ひまわり」は台風を上から見ていますので、雲画像に見える雲は、台風のいちばん上から吹き出している雲です。雲のうずまきの形は右まきです。実は、台風の本体のうずまきは反時計まわりですが、空気は上から時計まわりに吹き出しているので、その風の中の雲は右まきなのです。

つまり、渦の上と中は空気の流れが逆になっている。北半球の台風は左巻きだというが、これは本体の空気の渦巻きを指している。一方、南半球で発生した場合のサイクロンは右巻きで、北半球の台風とは逆だ。

渦巻きには地球の自転がかかわっている。地球は北極の上からみると反時計回り（左回り）に回っている。たとえば、飛行機が北極から赤道上の目標に向かうとする。宇宙から見れば目標を外さずに飛んでいる。しかし、地球が左に回っているため、地球上から見ると飛行ルートが進行方向に対して右にそ

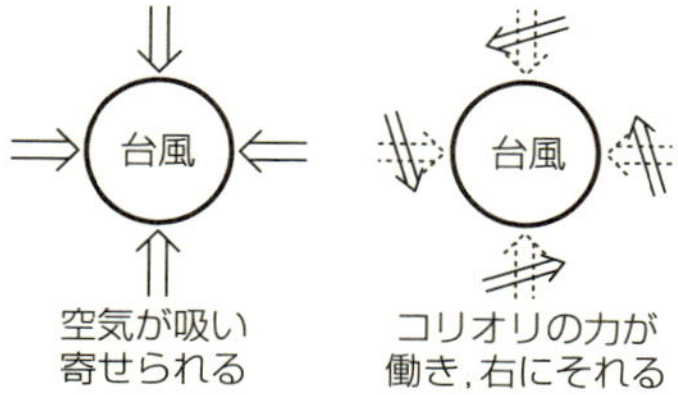

地球の自転と台風の渦巻き

れたことになる。このように回転するモノから見たとき、運動する物体に働く見かけの力を「コリオリの力」という。研究者の名からとったものである。先の例のように北半球で物体が移動する場合は右にそれるが、南半球では逆に左にずれていく。もちろん、台風の風の吹き方もコリオリの力の影響を受ける。

　台風の内部では強い上昇気流が発生している。その上昇した空気を補うように、海洋上の広い範囲から空気が吸い寄せられる。この空気にコリオリの力が働くため、集まってくる空気は右側にそれる。どの方向からくる空気も同じように右側にそれるので、台風の渦は反時計回り、つまり左巻きになる。一方、南半球で発生する台風の仲間は、中心に集まる空気が左にそれるため、渦は右巻きとなる。*2

　北半球の台風は進行方向に向かって右側では左側よりも風がより強く吹く。右側では台風自体の渦巻く風と台風全体を移動させる風の方向が同じなので、風力が大きくなるのだ。一方、左側は両者の向きが逆になり、風力がやや弱まる。

　台風より規模は小さいが、激しい風を起こす竜巻も空気の渦巻きである。この渦は右巻きか左巻きか。藤田哲也氏の『たつまき・上』（共立出版、一九七三）から要約してみる。

　アメリカの竜巻の調査結果によると、九九％が左巻きで。右巻きはわずか一％である。オーストラリアの竜巻は正反対で、九五％が右巻き、五％が左巻きと分かった。つまり、北半球と南半球では、竜巻の回転方向は逆になる。

なぜ対照的な結果になるのか。そこにはやはりコリオリの力が働いている。このため、北半球では台風と同様に、竜巻は反時計回りの左巻きになるのである。

ただし、福岡義隆氏（環境気候学）は『「左と右」で自然界をきる（根平邦人編著）』（三共出版、一九九五）のなかで、トルネード（大竜巻）ほどのスケールであればコリオリの力が働いても不思議ではないが、これより規模の小さい竜巻や街角の「つむじ風」には地球の自転の影響は起こりそうにもない、と述べている。

福岡氏は前掲書で都市部に吹く風についても触れている。都心の気温が周辺に比べて高い「ヒートアイランド（熱の島）」では、空気が上昇して低圧部ができるため、気圧の高い周りから風が吹き込みやすいという。これを郊外風と呼ぶ。風速は一メートル程度だが、これまで多くの調査が重ねられているとしたうえで、大半の研究例が北半球の都市であることから、傾向としては左巻き（反時計回り）の風が多い、と述べている。一方で「地球自転に伴うコリオリ力が働く規模の現象ではないので、理論的な根拠に乏しい」とも語る。

台風、サイクロン、竜巻……風の大きな渦巻きは、回る大地の脈動を伝えているといえるだろう。

＊１　国際的には熱帯低気圧を最大風速で次のように分類している。一七・二メートル未満をトロピカル・デプレッション、一七・二メートル以上で二四・五メートル未満をトロピカル・ストーム、二四・五メートル以

上で三二・七メートル未満をシビア・トロピカル・ストームという。三二・七メートル以上の熱帯低気圧については、北太平洋西部や南シナ海ではタイフーン、北太平洋東部（東経一八〇度以東）や大西洋・カリブ海でハリケーン、ベンガル湾・インド洋・南半球でサイクロンと呼ぶ。

＊2 大気を高度で区分すると、上空約一一キロメートルまでが対流圏、その上には成層圏などがある。成層圏ではオゾン濃度が高いため、紫外線を吸収して空気を加熱し、高度があがるにつれて気温が高くなる。このため、対流圏を上昇してきた台風の空気の塊は、成層圏に達すると周りに比べて温度が低くなる。つまり、重たくなる。そこで、空気の塊はこれ以上、上昇することができず、外に向かって吹き出す。このとき、コリオリの力が働いて風は右側に曲げられ、右回りになる。気象衛星の赤外画像で台風の雲が右巻きに見えるのは、こうした理由による。なお、厳密にいえば、気象衛星の画像には吹き出している上層雲だけでなく、その下層にある台風本体の雲も見えている。

6 洗面台の排水……水の渦巻き

前節では風の渦巻きについて考えてみた。北半球の巨大な風の渦、台風は左巻き。一方、南半球で発生する台風の仲間は右巻きの渦となる。左右の違いは地球の自転に伴う「コリオリの力」の影響による。では、洗面台や水洗トイレ、浴槽で水を流すときにできる渦巻きはどうか。とりあえず拙宅の場合を調べた。洗面台、トイレとも水流は左巻きで穴に吸い込まれていく。何度繰り返しても同じだ。我が家も地球と共に回っているのか、などと妙に感心する。が、実際は自転の影響がそこまで及んでいるわけでもないようだ。

水流の渦巻きは誰もが気になるのだろう。これまで、さまざまな観察結果が報告されている。そのうちの二つを紹介する。

【林丈二氏】

ヨーロッパで泊まったホテルで、部屋の洗面台に貯めた水がどちら方向に渦を巻いて流れるかを調べたことがある。結果は右回転四十六か所、左回転二十八か所。台風の例でいくと、ヨーロッパは北半球だから全部左回転になっても良いはずなのだが、何故か逆らう洗面台が多かった。

（『路上探偵事務所』毎日新聞社、一九九〇）

【森啓次郎氏】

東京にある自宅の洗面所に水をため、栓を抜いて実験してみたところ、二〇回中一三回が左回りに水が落ちていき、七回が右回りに落ちていった。……シドニー在住のK子さんにお願いして全く同じ実験をしてもらった。結果は一〇回中五回が左回り、五回が右回りのちょうど半々だったという。

（『科学朝日』朝日新聞社、一九九〇年一二月号）

衛生陶器などのメーカー、TOTOに問い合わせると、次の回答があった。

「洗面台やトイレの水流については地球の自転の影響は受けていません。洗面台の排水の流れは特に強制的に決めているわけではなく、配管の状況などで変わるようです。また、トイレの水流は、排水する穴の位置や便器の構造、それに洗浄方式などで右回り・左回りが決まります。なお、製品の中には、便器に向かって左側の吐水口から水が噴出し、左回りに旋回して洗い流す方式もあります。左側に水出し口を設けたのは、全体的に多い右利きの人たちが歯ブラシなどを使って、掃除しやすいよう配慮したものです」

流体力学を研究する木村龍治氏は、半径一メートルの円形の水槽を使って渦巻きの実験をしたことがある。水槽の穴から落ちた水はもう一度、ポンプで水槽に返すが、内部の水をかき乱さないように入れる。これで何日間でも実験が続けられる。その結果、水槽を完全に密閉して行うと、何回実験をしても左回りの渦巻きが見られた（『うずまきがいっぱい』岩波書店、一九九八）。スケールの大きい器を使えば、地球の自転を渦巻きで確かめることはできるのである。

海にも渦巻きがある。たとえば狭い海峡を潮流が通るときに発生する。海上保安庁海洋情報部・海の相談室は鳴門海峡の例を挙げて、こう説明する。

「潮汐の状況から鳴門海峡の南側が満潮（干潮）となるときは、北側は干潮（満潮）となり、海峡の南と北で大きな潮位差ができます。このためジェット噴流のような激しい潮流を生み、潮流の左右に渦巻きの列が発生します。下流側に向かって右側には右回りの渦、左側には左回りの渦が見られます。流れの速い中央部と流れの遅い岸寄りとの境目に発生することから、渦巻きは速さの異なる潮流がぶつかる中で起きていると考えられます。なお、淡路島寄りは水深が浅く海底に複雑な起伏があるため、潮流が乱され、右回りや左回りの不規則な渦を発生させています」

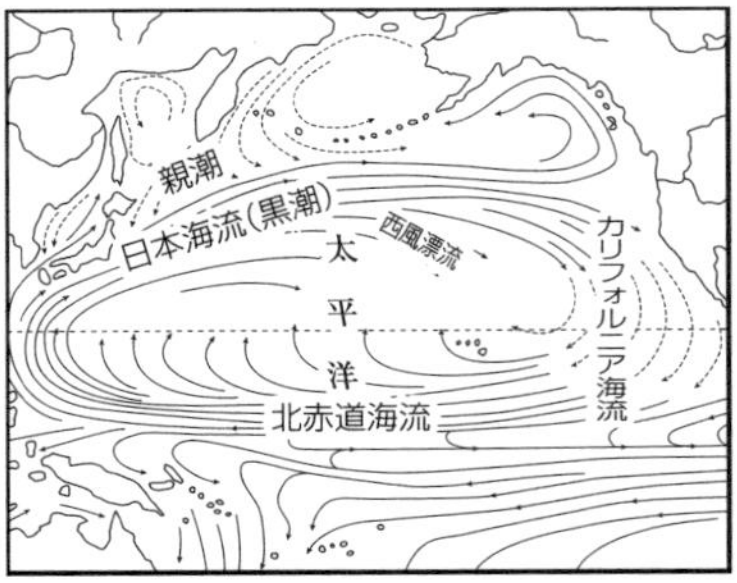

太平洋の海流
（大阪商船三井船舶広報室・営業調査室編『海と船のいろいろ　二訂版』成山堂書店，1996，159頁をもとに作成）

海にはとてもなくスケールの大きい循環流がある。海流だ。海流は主に大規模な風の流れによって引き起こされるが、海流のような地球規模の運動にはコリオリの力も働く。このため、海水は北半球では風向きの右方向に、南半球では左方向に曲げられる。

北太平洋には、黒潮から北太平洋海流（カリフォルニア海流）、北赤道海流へとつながる、右回りの海流の循環がある。低緯度で吹く貿易風（北東風）と高緯度で吹く偏西風。それに右曲げの力が加わって時計回り（右回り）を生み出す。北大西洋の時計回りの循環はガルフストリーム、北大西洋海流、カナリー海流、北赤道海流から成る。

一方、南半球では貿易風（南東風）と偏西風に左曲げの力が加わり、南太平洋や南大西洋、インド洋には反時計回り（左回り）の海流が見られる。

地球の自転が永劫の循環を支える。

右往左往
コラム④

招き猫の手

前足で手招きしているようなポーズの招き猫。客商売の縁起物としておなじみである。その姿かたちはさまざまで、右手をあげたり、左手をあげたり、果ては両手をあげたり……。色も白、黒、赤、金などと多彩である。

豪徳寺（東京都世田谷区）。奉納された招福猫児

招き猫の由来には諸説ある。まずは遊里説。元禄年間（一六八八〜一七〇四）、江戸吉原の遊女・薄雲太夫が飼い猫に危難を救われ、猫塚を建立したのが始まりとも、天明年間（一七八一〜八九）、江戸両国の遊女屋が金銀で彩色した招き猫を店先に置いたのが元ともいう。

猫皮を胴に使う三味線の俗称が「ねこ」。そこで、三味線をもつ芸者も「ねこ」と呼ばれた。また、江戸の私娼もその妖しさからか「ねこ」と称された。こうした猫と花柳界の浅からぬ因縁により、客を招く縁起物として遊郭で招き猫が祀られることになったようだ。

招き猫の由来伝説といえば東京都世田谷区の豪徳寺が知られている。

この寺は久しく貧しかった。あるとき飼い猫が門前を通りかかった武士の一行を手招きする。その武士は鷹狩りから帰る途中の彦根藩主・井伊直孝。寺で休息をとっていると天がにわかにかき曇る。一行は猫のおかげで雷雨の難を免れた。以来、寺は井伊家の菩提所になって栄えたという。

　豪徳寺でもらった由緒書きには「後世この猫の姿形をつくり招福猫児《まねぎねこ》と称へて崇め祀れば吉運立ち所に来り」とある。

　いま境内を訪れると、招福観音堂のそばにおびただしい数の招き猫が納められている。豆粒大から、大きいものは高さ約四〇センチメートル。すべて右の手をあげている。じつに愛らしい。寺務所で招き猫を頒布していて、これらは家に持ち帰り、それぞれの願いが叶うと寺に奉納するのだという。

今戸神社（東京都台東区）で授与する招き猫

　招き猫はなぜ右手をあげているのか、寺に尋ねてみた。

「右手で福を招いているのです。もちろん福の中身は人それぞれですが……」

　東京都台東区の今戸神社。境内に「招き猫発祥の地」の看板が立ち、拝殿には二体の巨大な招き猫が置かれている。神社の説明では、焼き物の招き猫を初めて作った土地だという。幕末には浅草で売り出された今戸焼の丸〆《まるしめ》猫が評判となった。横向きで片手をあげ、背中には丸に〆の印。丸は金《かね》の隠語で、締めれば金銭節約の意に通じる。

　現在、神社では今戸焼の招き猫を授与。二体がつながっていてどちらも右手をあげている。

「右手あげは人とのご縁を祈るものなのです」と話す。

　大阪市住吉区の住吉大社境内にある楠珺社《なんくんしゃ》。

毎月初めの辰の日に参詣して招き猫（初辰猫《はつたつねこ》）を買い求め、四年間で四八体揃うと初辰にかけて「始終発達《しじゅうはったつ》」の大願が成就するという。偶数月には家内安全を祈って右手あげを、奇数月には商売繁盛のご利益のある左手あげの猫を授与する。

招き猫の右手あげ・左手あげの意味については、一般に右手がお金を招き、左手が客を招くとされている。また、手が耳よりも上に伸びていれば、「手長」といって、より大きい福を招くという。また、手が長いと遠くの福を、短いと身近な福を招くともいう。

それにしても、なぜ猫の前足あげが福を招くとみなされたのか。猫が毛づくろいで前足を使う有り様は「猫の顔洗い」といい、猫が顔を洗うと雨が降るという俗信が日本やヨーロッパにある。このしぐさと、猫の霊力にあやかりたいという気持ちがあいまって、やがて、猫が顔を洗うと客がくる、と変形され、招き猫誕生の素地になったと思われる。

今戸神社
拝殿で巨大招き猫がお出迎え

第三章◉右回り・左回り

1 競走馬はどちらに回る？

	中央競馬（全国 10 か所の競馬場で開催）	地方競馬（全国 19 か所の競馬場で開催）
右回り	7 か所（札幌，函館，福島，中山，京都，阪神，小倉）	14 か所（旭川，門別，札幌，水沢，大井，金沢，笠松，名古屋，園田，姫路，福山，高知，佐賀，荒尾）
左回り	3 か所（東京，新潟，中京）	4 か所（盛岡，浦和，船橋，川崎）
直　線		1 か所（帯広＝ばんえいレース）

競走馬の回る方向と競馬場（2008 年 8 月現在）

一四世紀に英国で始まった近代競馬は現在、世界九〇か国以上で行われている。このうち日本の競馬は、中央競馬会主催の中央競馬と地方自治体が開催する地方競馬に大別される。日本の競馬場を競走馬の回る方向で分けてみると、表のとおりである。なお、右回りは時計回り、左回りは反時計回りをいう。

一目瞭然、日本の競馬場は右回りが断然多い。では、海外の様子はどうか。英国では王室所有のアスコット競馬場は右回りだが、ダービーが行われているエプソムは左回り。フランスやイタリア、ドイツ、ベルギー、オーストラリアも左右は混在。ただし、米国はサラトガをはじめ、左回りが圧倒的に多い。世界中の競馬場について大ざっぱにいえば、右回り・左回りの割合は半々である。そうしたなか、なぜ日本では右回りが優勢なのか。その理由を解き明かすた

東京競馬場（左回り。写真提供・ＪＲＡ）

中山競馬場（右回り。写真提供・ＪＲＡ）

め、日本の近代競馬を振り返ってみよう。

幕末の横浜。居留地の外国人は埋め立て地などに馬場を造り、競馬を楽しんでいた。開催記録が残る最初の競馬は文久二年（一八六二）、横浜新田《しんでん》（現・中区山下町中華街付近）で行われた。そして、慶応元年（一八六五）、英国二〇連隊練兵場（現・中区諏訪町）で開かれた競馬には日本人の武士が招待され初めて参加した。その模様を描いたスケッチからは、羽織、袴、チョンマゲ姿の八人の侍が馬に乗り、左回りで競ったことが分かる。

やがて、生麦事件をきっかけに、乗馬のできる遊歩道と競馬場の建設を盛り込んだ「横浜居留地覚書」が幕府と諸外国の間で交わされ、慶応二年（一八六六）、幕府の手で日本初の本格的な洋式競馬場が造られる。ところは現在の横浜市中区根岸台。この根岸競馬場は英国駐屯軍将校ボンドの設計で、一周一七七四メートル。当初、運営には居留地の英国人を中心とする横浜レースクラブ（のちの日本レース倶楽部）が当たった。レースは翌年から昭和一七（一九四二）まで七六年間、ほぼ毎年春秋二回催され、日本の近代競馬で中心的な役割を果たした（日高嘉継・横田洋一、一九九八）。

根岸競馬場の馬場は右回りだった。左回りにすると、ゴール前に急な

明治末期の根岸競馬場（絵葉書，横浜開港資料館蔵，日高嘉継・横田洋一『浮世絵　明治の競馬』小学館，1998，19頁より）

上り坂があるため大量の土を盛る必要があった。そこで工事期間と費用の問題でコースのとりやすい右回りにしたという。じつは根岸の右回りにその後開設された競馬場が文字どおり〝右へならえ〟としたのである。

ＪＲＡ競馬博物館学芸員の日高嘉継氏は次のように話す。

「中央競馬の競馬場の源は明治四〇年（一九〇七）前後、全国に誕生した競馬場にさかのぼります。これは政府が根岸競馬の馬券発売を黙認していたため、一部の政財界・陸軍が馬の改良を錦の御旗に次々と競馬場を造り、馬券発売の競馬を行なったことによります。このとき、東京・目黒競馬場を運営する日本競馬会など各地の競馬施行団体は、競馬施行規則をはじめとする競馬開催に伴うすべてのノウハウを、根岸競馬場を運営する日本レース倶楽部から教わりました。右回りもまねたものです」

残る謎は、根岸競馬場の設計者が当初、左回りを望んだ理由である。この点について日高氏は興味深い見方を示す。

「馬は元来、左利き脚の場合が多く、左手前のほうが得意だといわれているのが理由の一つでしょう。競馬では馬は襲歩《しゅうほ》（ギャロップ）という走り方をします。着地する脚の順番が左後脚→右後脚→左前脚→右前脚で、最後に着地するのが右前脚の場合を右手前《みぎてまえ》といいます。これを使えば右コーナーをスムーズに回ることができます。一方、右後脚→左後脚→右前脚→左前脚の順に着地し、最後に着地するのが左前脚の場合を左手前と呼びます。これは左コーナーを回るのに適しています。

最後に着地した前脚が地面から離れたあとは、どの脚も地面についていない、いわば宙に浮いた状態になります。馬は片方の手前でずっと走り続けると疲れるので、レース中に何度か手前を変換するのが通例です。

左利き脚の理由に、馬は左脚のほうが右脚より数ミリ太い点が挙げられます。また、四本の脚の役割は、後脚が〝推進力〟、前脚が〝舵取り〟を担っています」

実際、馬は左回りの走り方のほうがスムーズなケースが多く、何人かの騎手に聞いても左回りのほうが乗りやすいと言うそうだ。

多くの競馬場が根岸流の右回りを踏襲するなかで、左回りはどんな経緯から生まれたのだろう。

新潟競馬場は二〇〇一年、それまでの右回りから左回りに変更した。これは日本初の直線千メートルコースを設けるための措置だった。ＪＲＡ新潟競馬場は「回る方向を決めるのは、競馬場の用地形態がもっとも大きな理由です」という。

昭和八年（一九三三）竣工の東京競馬場。前身の目黒・池上両競馬場とも右回りであり、設計のモデルとなったオーストラリアの競馬場も右回りだった。にもかかわらず、左回りを採用した。その理由として、①英国エプソム競馬場に合わせた、②米国の競馬場をまねた、という先例準拠説、③坂を上って終わらせるため、④ゴールを駅近くにもってくるため、⑤スタンドを町寄りにもってきたため、という環境条件説がある。⑤の説は、右回りにするとスタンドが町から遠ざかるので、地元が潤うようにと有力者から要請があったというものである。

競走馬の回る方向を探れば、蹄《ひづめ》の音の向こうに人々の思惑までもが見えてくる。

右往左往
コラム⑤

公営競技にみる左回り

日本の公営競技は合わせて四種。このうち競馬をのぞく三種のスポーツはすべて左回りで競っている。

競輪は一九四八年一一月、福岡県小倉市（現・北九州市）で始まった。レースは当時から左回りだったのかどうか、小倉競輪運営事務局に尋ねた。

「回る方向を明記した文書が残っていないので、はっきりしたことは分かりません。ただ、わずかに一枚残っている一回目のレースの写真を見ると、左回りで競っていたと思われます」

現在、競輪関係団体のガイドライン「自転車競走競技規則（例）」第一二条で「競走の方向は、選手の左手が内側になるようにして行う」と左回りを定めている。しかし、その根拠について全国競輪施行者協議会企画課は「左回りとなった明確な理由は確認できません」。

五〇年一〇月、千葉県船橋市で全国初のオートレースが行われた。これに先立ち同年五月、小型自動車競走法が

小倉競輪場。左回りの疾走（写真提供・こくら競輪［北九州市］）

施行され、通産省（当時）から通達の一つとして「小型自動車競走実施規程（例）」が出された。その第六三条が「競走の方向は、選手の左手が内側になるようにして行う」。オートレースは当初から左回りだったことが分かる。左回りの規定は現在、「小型自動車競走実施規則」に引き継がれている。

競輪・オートレースの振興法人JKAは「オートレースは欧米で行われていたダートトラック二輪レース、スピードウエーをヒントにして始まりました。そのスピードウエーが左回りだったので、オートレースもそれにならったものです」。

競艇が始まったのは長崎県大村市で五二年四月のこと。やはり当時から左回りだった。「モーターボート競走競技規程」第二〇条には「モーターボートは、スタート後ゴールインするまでの間、ターンマークを左回りしなければならない」と定められている。

左回りの理由を日本モーターボート競走会総務課はこう語る。

「一般的に船舶の場合、航路は右側通行になっています。そこで競艇のような四角形で限られた水面の場合、右側を通って進めば周回のとき必然的に左回りになります。欧米のボートレースや陸上競技の左回りも参考にして回る方向を決めたものと考えられます」

競輪と競艇の左回りはその根拠がはっきりしない。しかし、どちらも昭和二〇年代に始まっている。共通の手本があったのではないかと想像したりもする。

右往左往
コラム⑥

馬の右乗り・左乗り

乗馬は馬の右側から？　それとも左側から？　と問えば、まず十人が十人「左側から」と答えるだろう。しかし、もしも時代劇で武士が馬の左側から乗ったとしたら、それは明らかに間違っている。幕末の開国後に西洋式の馬術が入ってくるまで、馬には右側から乗っていたのだから……。

一六世紀後半、日本に滞在したポルトガル人宣教師ルイス・フロイスが日欧の文化比較を記録に残している。その中に「馬に関すること」という章があり、こんな記述が見られる。

> われわれは馬に乗るのに左足を使う。日本人は右足を使う。（岡田章雄訳注『ヨーロッパ文化と日本文化』岩波文庫、一九九一）

訳者の岡田氏は日本人の乗馬法について「これは左手に弓を持って乗る習慣から起ったもので、左手を弓手《ゆんで》、右手を馬手《めて》という」と注記を加えている。

馬に右から乗った理由について、馬の博物館（横浜市中区）の学芸員・秋永和彦氏は『横浜ウマ物語』（神奈川新聞社、二〇〇四）で、はっきりと分かっていない、と前置きをし、次のように述べている。

> 「日本の武士は左の腰部に刀を提げていて、左乗りだと騎乗する時に刀の鞘が馬の腹に当たって乗りにくい」「左乗りだと箙《えびら》（矢を入れている筒）から矢が落ちてしまう」「馬に乗ろうとしていて襲われた時にすぐに対応できるため」などの諸説があります。

日本の右乗りはどの時代までさかのぼるのか、そしてこの乗馬法が浸透したのはいつごろ

賀茂競馬（京都市・上賀茂神社）。乗尻（騎手）は古式にのっとって右足を鐙にかけ馬の右側から乗る

か。秋永氏に直接、尋ねてみた。

「古代の文献資料などが残っていないので分かりません。群馬県世良田諏訪下《せらだすわしも》遺跡23号古墳から出土した馬形埴輪には右側の鐙《あぶみ》部分に突起物がみられ、これが馬に乗るためのものであるならば右乗りといえますが、実際の使用目的は不明です。絵画で言えば、『信貴山《しぎさん》縁起絵巻』（国宝・平安時代）に右側から馬に乗る随身が描かれています。

小笠原流をはじめとする馬術諸派が確立された鎌倉時代以降には、右乗りが一般的になったと思われます。武家社会のいくつかの馬術書には、馬に右から乗ることが原則として記されているのです」

ただし、秋永氏によると、中国・朝鮮半島から騎馬文化が伝わったと考えられる五世紀ごろの日本は、左乗りだった可能性があるという。

中国で鐙の最も古い使用例とされているのは、三〇二年のものとされる墓から出土した青磁騎馬人物俑《よう》。その数体に鐙と思われる造形があり、それらはすべて馬体の左側にだけ付いている。「これらの片側鐙は馬に乗るためのものと考えるのが妥当であり、古代中国では左乗りであったと推定されます」。その乗馬法は、騎馬文化とともに日本にもたらされたはずだという。

ところで、武家社会で定着した右乗りはなぜ、左乗りに変わったのだろう。

「西洋ではサーベルを左の腰に縦にさげるので右乗りだとサーベルが馬の背に当たる。このため左から乗る」という見方がある。これを踏まえて、時代考証家・山田順子氏（二〇〇六）は「日本の武士が刀を捨てて、西洋式のサーベルを下げた軍隊となった時、馬の乗り方も変わった」と述べている。

　しかし、秋永氏はこう指摘する。

「馬の乗り方が変わったのは洋式軍隊の導入によるものではなく、西洋の馬文化の導入によるものです（そのひとつが西洋式軍隊・騎兵と言えます）。馬の乗り方が変わったのが軍隊の武装によるものであるならば、それ以外の分野では左乗りにする必要はありません。西洋の馬文化を導入したことにより、馬が変わり、馬具が変わり、馬術が変わり、そして乗り方が変わったということです。

　西洋馬術が左乗りである理由は分かりません。しかし、騎馬文化の起こりなどから考えて、西洋は騎馬民族の影響を受けていると思われますし、古代ギリシャの軍人クセノポンの『小品集』には馬に左側から乗ることが一般的だったと思われるような記述もあります。古代ギリシャには当然、サーベルのような長剣はありませんので、馬の乗り方の理由に、サーベルが介在していた可能性は低いと思います」

　馬の右乗り・左乗りの違いはこれまで、刀とサーベルという東西の武器をもって語られる傾向がみられた。単純化し、対照的な図式にすることで、なるほどと思わせる。しかし、その一方で、ほかの要素が埒外《らちがい》に追いやられてしまう。論法の見直しが必要だろう。

2 野球の走者はなぜ左回りか？

野球では走者はベースを左回り（反時計回り）にめぐる。公認野球規則七・〇二に「走者は進塁するにあたり、一塁、二塁、三塁、本塁の順序に従って、各塁に触れなければならない」とある。

野球の源流は一般的には一五世紀ごろから英国で親しまれていたラウンダースだといわれている。文化人類学者の杉本尚次氏（一九九二）によると、ラウンダースに類似した内容のゲームが英国でベースボールと呼ばれていたことも明らかになっている。

作家・佐山和夫氏は『野球はなぜ人を夢中にさせるのか』（河出書房新社、二〇〇〇）に、今も英国で行われているラウンダースの観戦記を載せている。

投手は下手から、捕手に向かってゆるい球を投げる。……一チームの人数は九人。守備側の誰の手にもグラブやミットはない。全員が素手である。……塁（白い棒で示されたポスト）は四つ。打席とは別のところに、第四ベースがある。面白いのは、全員がアウトになってチェンジになること。イニングはただの二回である。そんなことで驚いてはいけない。ここにはもっと特徴的なことがあ

プロ野球広島・ヤクルト戦。旧広島市民球場
（2008年7月5日）

った。ホームランだけが得点になることだ。

佐山氏によると、「ラウンダー」とはホームランのことだという。ラウンダースでは塁の数や進塁の方向は一定していなかった。地域差があり、保健体育学を専門とする渡辺融氏（一九八六）によると、イングランド西部のものは塁が四個で、走者は時計回りに走ることとされていたが、東部は塁が五個で反時計回りだったという。

ラウンダースあるいはベースボールと呼ばれたゲームは一八世紀後半、英国から移民たちによって米国にもたらされたと考えられる（杉本、一九九二）。そして一九世紀初め、米国東岸各地ではタウンボールやゴールボール、オールドキャッツなど、さまざまな名前で今日の野球に似た遊びが行われていた。これらの中には、走者が時計回りにめぐるものもあったようだ。

タウンボールはタウンミーティング（住民参加集会）の前後によく行われたことから命名された。このタウンボールが野球の直接の母と考えられている。佐山氏はタウンボールを米国ニューヨーク州の野球殿堂・博物館の町、クーパーズタウンで見た。その特徴は左記のとおりである（前掲書）。
＊プレーヤーの数は決まっていない。
＊ファウル・ラインがない。打球はすべてフェア。
＊投手は打者に対して、ゆるくて打ちやすいボールを投げる。このため大量点が入る。

＊アウトは直接捕球した場合と走者にボールを投げ当てた場合。ワン・アウトでチェンジ。これはアウトがとりにくいため。

走者は右回り、左回りのどちらに走ってもいいが、普通は左回りに走るという。そこで、野球の左回りの起源はタウンボールにあるとみる佐山氏は前掲書で次のように推測する。

打者は右利きが多いから、当然、打球は左に飛ぶ。ゆるい球に対して、誰もが「引っ張る」からだ。ここでいえることは、もしも一塁が左にあったのでは、走者の向かう方向と打球とが同じになるわけで、野手は比較的簡単に打者走者をアウトにできただろうということだ。走者が自分の方向に向かって走ってくることが多いからである。

打球を捕っても、なかなかアウトにしにくい——ということにしないと、ゲームとしては面白くはない。それには、走者との距離が遠いほどいい。こうして初期のプレーヤーたちは、「打球がよく飛ぶ方向とは逆」の「打者から見て右側」に一塁を置いた——。

こうして生まれた左回りが、その後、ベースボールになっても残ったという。

野球のルールが統一されるのは一八四五年。ニューヨークでタウンボールチーム「ニッカーボッカー・ベースボール・クラブ」を組織したアレキサンダー・カートライトが、メンバーの意見も採り入れて規則（ニッカーボッカー・ルール）を作った。その中から拾い上げてみると次のとおりである。

＊本塁から二塁までの距離は四二ペイスで、一塁から三塁までも等距離とする。

＊二一点を先取した側が勝ちとなるが、最終的に双方同等の回数を終了すること。

＊打者に対するボールはひじを伸ばして下手から投げること。決して上から投げてはならない。
＊一塁または三塁の線の外に打ち出されたボールはファウルとなる。
＊次の場合、走者はアウトになる。走者が塁に到達する前にボールが塁上の敵手に渡った場合、あるいは走者がボールをタッチされた場合。
＊三アウトでチェンジとなる。

（渡辺融・一九八六、平出隆・一九八九から）

なかには現在と異なるものもあるが、ファウルや走者アウトの規則、三アウトの取り決めなど現代野球のルールと共通する点が見られる。四二ペイスは塁間では九〇フィートになり、現在の塁間距離と同じである。ニッカーボッカー・ルールに走者の回る方向は明記されていないが、このころまでには左回りに統一されていたと思われる。

このルールに基づく初のゲームは翌四六年、ニュージャージー州ホーボーケンで行われた。対戦したのはカートライトの率いるクラブとニューヨーク・ナインであった。

野球の走者左回りについて、佐山氏は現地の体験を踏まえてタウンボール起源説を唱えた。独自の視点が刺激的である。わたしは野球そのものから離れた見方をしたい。競馬のルールが関与している可能性もあるのでは、と考えている。一七世紀半ばに始まる米国競馬は現在、左回りが圧倒的に多い（前節参照）。あくまで仮定の話だが、当初から左回り優勢だったとすれば、競走馬の回る方向が、のちに米国で普及する野球の左回りに影響を与えたのかもしれない。

3 トラック競技の左回り

前節では野球の走者の左回りについて、米国競馬の左回りが関与している可能性に触れた。そんなことを想ったのも、競馬の模倣に端を発する競走があるからだ。それは陸上のトラック競技である。

現在、陸上競技の競走はオリンピックなどの国際大会から運動会の徒競走にいたるまで、すべてトラックを左回りに走る。「日本陸上競技連盟競技規則」第一六三条「レース」第一項には「走ったり歩いたりする方向は、左手が内側になるようにする」とある。しかし、古今東西、一貫して左回りに走ってきたわけではない。

競走史を古代ギリシャのオリンピックにさかのぼってみよう。これは、神ゼウスへの奉納スポーツ大会として紀元前七七六年に始まった。以後、四年ごとに紀元三九三年の第二九三回大会まで開催された。競技場には現在のようなトラックがなく、競走は「スタディオン」と呼ぶ直線路で行われた。端から端までの一スタディオン（約一九二メートル）を走る短距離走はスタディオン走といった。

スタディオンはバビロニア起源の単位で、朝日が最初の光を地平線に放ったときに大人が太陽に向かって歩き始め、太陽が地平線をまさに離れようとする瞬間まで歩いた距離を指した（寒川恒夫、一九九二）。ちなみに、一スタディオンの競走路が設けられた競技場もスタディオンと呼ばれた。スタジアムの語源である。

古代オリンピックにはスタディオンを往復する種目もあった。ディアウロス走はスタディオンを一往復し、長距離のドリコス走はスタディオンを七～二四回往復する。往復の場合、走路の末端でどのように向きを変えたのか。日本オリンピック委員会監修『オリンピック事典』（一九八一）では「不明の点が多い」として右回りとも左回りとも断言していないが、スポーツ人類学者・寒川恒夫氏（一九九一）はドリコス走について「両端に立てられた目印を左まわりに」折り返す、と説明している。

競走が直線路から楕円のトラックに変わるのは一九世紀の英国。スポーツ評論家の川本信正氏が次のように述べている。

それは一八五〇年秋の出来事である。オックスフォード大学のエクセターカレッジの学生たちが、二マイル（三二一九メートル）の野外コースで、二十四カ所の障害物を飛び越える競馬を行った。英国で人気の高かったリバプールの障害物競馬〝グランド・ナショナル・スティープルチェース〟のまねをしたのである。

ところが、途中で障害物を引っかけて落馬した一人の学生が、くやしさのあまり、翌日あらためて同じコースで、こんどは馬ではなく、足で競走することを提案し、それが実現してその学生が優勝した。これが機縁で、この競走が学生のあいだに流行し、〝フット・スティープルチェース〟と名づけられた。……十九世紀の英国で始まったトラックの競走は、競馬のまねごと、「競馬ごっこ」

小学校の運動会（広島県大竹市）

織田記念陸上（1998年4月，広島スタジアム）。男子1500m決勝

だったのである。（日本経済新聞、一九七八年一月一三日付朝刊・文化欄「陸上トラック左回り考」）

一八六四年、近代陸上競技のさきがけとなるオックスフォード大学・ケンブリッジ大学の対抗陸上競技会が始まった。川本氏によると、その初期のスケッチではトラックを右回りに走っているという。これも競馬に〝右へならえ〟としたものだ。ただし、英国の競馬には左回りもあるので、ときには左回りで走ることもあった。

トラック競技の右回りは英国に限らない。日本オリンピック委員会の広報誌『ＯＬＹＭＰＩＡＮ』第一巻第九号（一九九二年一一月）が、一八九六年にギリシャ・アテネで開かれた第一回近代オリンピックの模様を次のように記している。

４００、８００、１５００m競走などのトラック競技は、現在のような左回りではなく、時計のような右回りだった。

では、オリンピックの競走が左回りになったのはいつか。スポーツ科学が専門の尾縣貢氏（二〇〇四）は「第1回大会から第3回大会（アテネ大会、パリ大会、セントルイス大会）までは、イギリスのやり方にならい右回りを採用していたのです。左回りに変わったのは１９０８年の第4回ロンドン五輪から……」と述べている。*

そして一九一三年に創立された国際陸上競技連盟が「走る方向はレフトハンド・インサイド＝左手が内側にくるように」という左回りのルールを決めた（川本、前掲記事）。しかし、根拠は不明である。

なぜ、左回りに決まったのか。そして、それが受け入れられた理由は？　主な説を列挙する。

①古代ギリシャのスタディオン往復競走の左回りに由来する。

②人の心臓はやや左側にある。走るときは大事な心臓を保護しようと内側にするため左回りになる。

③男性の場合、睾丸の左右のうち左のほうが低い位置にあり、心臓が左に寄っていることもあって重心は左にかかる。走るには重心寄りに、つまり左に回ったほうが楽。

④足裏の面積を比べると、左足のほうが右足よりも大きい。これは、左足で大地をしっかり踏まえ全身の安定を保持しているから。そこで走るときは左回りになる。

⑤利き手の左右に関係なく、右足は運動とスピードをコントロールし、左足は軸足として体を支える。軸は内側にくるのが自然であり、左回りとなる。

⑥手は右利きが多いが、ジャンプの踏み切りは左足が多いので、カーブを回るとき左回りのほうが重心を支え、地面を強く蹴ることができる。

⑦ヨーロッパでは文章を左から右に綴る。読み手の視線は左から右に動く。一般に、人々は左から右への視線の動きを好むといえる。これを陸上競技に置き換えると、スタンドの観衆は、手前のトラックを走るランナーが左から右へ動くのを好む。

左回りを、ときには右回りに変えて競ってみるのも一興。右往左往の競走史を体験し、足の働きを再認識する機会となる。

＊オリンピック・トラック競技が左回りに変わった大会について、前掲の『ＯＬＹＭＰＩＡＮ』では「１９００年の第２回パリ大会から」と記している。しかし、一九〇四年のオリンピック・セントルイス大会トラック競技八〇〇メートル決勝や〇六年にアテネで開かれた国際大会一五〇〇メートル決勝の写真を見ると、どちらも右回りで競っている。そこで、オリンピックの競走が左回りに変わったのは〇八年のロンドン大会から、と考えるのが妥当だろう。

4 回転木馬の興味津々

フランスのR・カイヨワは遊びを競走、偶然、模倣、眩暈《めまい》の四つに分類し、それぞれをアゴーン（競技＝ギリシャ語）、アレア（サイコロ＝ラテン語）、ミミクリー（物まね＝英語）、イリンクス（渦巻き＝ギリシャ語）と名づけた。このうち、イリンクスを「一瞬だけ知覚の安定を崩し、明晰な意識に一種の心地よいパニックを惹き起そうとする試みを内容とする遊び」と定義。この感覚に誘う身体の動きとして落下や急速な回転、滑走などを挙げた（清水幾太郎・霧生和夫訳『遊びと人間』岩波書店、一九七〇）。

多彩なマシン（遊戯機械）をそろえる現代の遊園地では心ゆくまで眩暈が楽しめる。メルヘンの世界に誘う回転木馬は、比較的穏やかなイリンクスの装置といえるだろう。回転木馬をフランスではマネージュ（馬が回す粉ひき装置）とかカルーセル（馬上試合）と呼ぶ。カルーセルは馬上の騎士たちが槍の腕前を争う競技で、その試合に備えて開発された馬形トレーニング機が回転木馬の原形だという。

メリーゴーラウンド（愉快な＋くるくる回る）という言葉が初めて使用されたのは一七二九年で、英国の詩人ジョージ・アレクサンダー・スティーブンスが発表した作品の中に出てくる。したがって、このころには回転木馬が娯楽機械として扱われるようになっていたと思われる（中藤保則『遊園地の文化史』

右回り	左回り
広島市中区・福屋八丁堀本店屋上〈2008年撤去〉（国産）	広島市西区・アルパーク東棟2階フロア〈2005年撤去〉（欧州産）
広島市中区・そごう広島店屋上（国産）	岡山県・倉敷チボリ公園〈08年閉園〉（米国産）
広島県・呉ポートピアランド〈98年閉園〉（国産）	山梨県富士吉田市・富士急ハイランド（国産）
東京都練馬区・としまえん（ドイツ製）	東京都台東区・浅草花やしき（国産）
東京都稲城市・よみうりランド（国産）	

自由現代社、一九八四）。

回転木馬が日本に初めて登場したのは明治三六年（一九〇三）、大阪市で開かれた第五回内国勧業博覧会である。メリーゴーラウンドを訳して「快回《かいかい》機《き》」と呼んだ。神戸のワヰンベルゲル商会の出展でドイツ製である。四頭立て四人乗りの馬車と、鞍を置いた木馬四〇頭から成り、電動モーターで回した。雑誌『風俗画報』第二六九号はそのときの様子をスケッチ入りで紹介していて、快回機は左に回っていたことが分かる。

国産第一号の回転木馬は大正一四年（一九二五）、大阪で開かれた大大阪博に日本の大型遊戯機械の父、土井万蔵が出展したものだとされるが、回転方向は不明である。

国内初登場の回転木馬「快回機」。左に回っている（『風俗画報』第269号〈1903〉より）

国内の回転木馬はどちらに回っているのか、広島県内を中心に調べた。結果を国産・海外産の違いも併せて上に示した（調査・九七～九八年）。

ほんの数例だが、右回りには国産が目立つ。そこで、回転木馬を製作している遊戯機械メーカーに問い合わせてみた。調査当時、浅草花やしきも運営していたトーゴ（東京都目黒

福屋八丁堀本店（広島市）。右回り
(1997 年 8 月 30 日撮影)

呉ポートピアランド（98 年閉園）。
二層式で右回り

区）の市場開発部からは次の答えがあった。

「当社の馬体は左右の装飾に差がないため、右・左両方の回転に合わせられます。納品した比率では右・左が七対三くらいでしょうか」

サノヤス・ヒシノ明昌（大阪市北区）のレジャー事業本部の回答はこうである。

「過去五年間に当社が販売した回転木馬は、右回り・左回りの比率がおおむね三対一です。ただし、右回りはすべて当社工場で製作したもので、左回りはすべて欧米諸国からの輸入品でした。* 国産の回転木馬はほとんどが右回りです」

さらに、福屋に納品した大阪市内のメーカーに尋ねてみたところ、「注文主の指示がなければ、右回りにしています。時計回りが自然と思うから……」という返答だった。ただ、これまでに一回だけ「左回りに」という注文があったという。山梨県富士吉田市の富士急ハイランドである。その理由は、①陸上トラック競技が左回りだから、②山梨県では右回りを葬式回りという。棺を寺の境内で三回右に回すから、縁起をかついで左回りに、というもの。目新しさを競う遊園地も地元の風習に配慮していることを知り、感じ入った。

メーカーの話を総合すると、欧米産には左回りが多いという。実際、林丈二氏（一九九〇）は「ヨー

倉敷チボリ公園（2008年閉園）。左回り

としまえん（東京都）のカルーセルエルドラド。右回り。1907年，ドイツで製作。欧州のカーニバルをめぐり，11年米国へ。さらに71年より豊島園で稼働。稼動中の回転木馬では世界最古といわれている。（写真撮影・河西俊幸）

ロッパで見物してきた二、三十の回転木馬のほとんどが左回りであった」と述べている。また、米国のマーティン・ガードナー（一九九二）はカーニバルの回転木馬が反時計回り（左回り）である点に着目して、「回転木馬はどの文化においても、反時計回りなのだろうか」と問いかけている。

日本と欧米で、回転木馬の回る方向が対照的なのはなぜか。じつはよく分からない。しかし、調べているうちに右回り・左回りのそれぞれの利点が見えてきた。

右回りについて、サノヤス・ヒシノ明昌の担当者は私見だと断ったうえで次のように推測する。

「右利きの人が自転車に乗る場合、ほとんどの人はまず左手でハンドルを握り、左側から乗ります。同様に回転木馬も左側からのほうが乗りやすいと思われます。したがって、お客さんにとっては右回りにしたほうが便利です。左回りにすると乗馬の際、いったん内側に回り込む必要がありますから」

次は左回り。トーゴの担当者はこう答えてくれた。

「人間の心臓は中心よりやや左側にあることから、体の重心が左側に偏っていると考えられます。そこで陸上競技が左回りであるように、人間は左に回るほうがバランスを取りやすいのです。幼児

浅草花やしき（東京都）。左回り

富士急ハイランド（富士吉田市）。左回り（写真提供・富士急ハイランド）

を主な対象にする回転木馬は安定感・安心感を与えることが大事です。つまり、生理面からみると左回りが望ましいことになります」

サノヤス・ヒシノ明昌によると、日本の遊戯機械は回転木馬に限らず、概して右回りが多いという。先の生理面からいえば、不安定感やスリルを演出する仕掛けとしては右回りが効果的だと考えられる。

遊園地の仕掛けによって「貪欲な大衆に分配されている」（Ｒ・カイヨワ）眩暈には、回転方向が少なからず関与しているのだろう。

＊二〇〇八年一〇月に再び尋ねてみた。「自社製の回転木馬はすべて右回りであり、左回りの注文があった場合は欧米産を販売している」という答えで、まったく変わっていない。

5 どちらに回す？　粉挽き臼

素材を粉砕する石臼は大きく二種類に分けられる。杵を使って叩《たた》くタイプの搗《つ》き臼と上下の石ですりつぶす挽《ひ》き臼（磨《す》り臼）だ。日本ではどちらにも臼の字を使っているが、中国では搗き臼に「臼」を、挽き臼には磨り合わせの意味で「磨」の字を当てている（三輪茂雄、一九八七）。

古代エジプトには小麦を挽くサドルカーン（鞍《くら》臼）という石臼があった。細長い石棒（上石）を両手で握り、鞍のような形の下石に押しつけながら、前後に動かしてすりつぶす。この前後運動を回転運動に変えたのがロータリーカーン（回転臼）である。これで上石をいくらでも大きくすることが可能になり、回転運動の連続操作で生産効率は飛躍的に向上した（三輪、一九七八）。

ロータリーカーンは紀元前一〇〇〇年ごろ、オリエントのチグリス・ユーフラテス川上流域で発明され、東はシルクロードを経て中国に伝わり、西はギリシャ、ローマからヨーロッパへ広がった（三輪、一九八二）。そして、日本への伝来は七世紀初めとされる。『日本書紀』に、推古天皇一八年（六一〇）春三月に高麗王が僧曇徴《どんちょう》ら二人を献じ、曇徴は紙・墨を作ったほか碾磑を造った、とあり、「けだし碾磑を造ること、この時にはじまるか」と記されている。

観世音寺の碾磑（福岡県太宰府市）

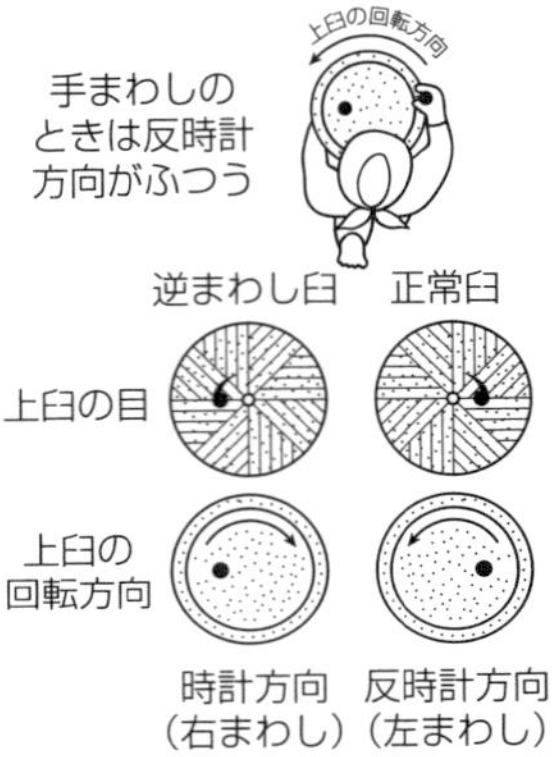

手挽き臼の上臼の回転方向（三輪茂雄『臼』法政大学出版局，1978，144頁をもとに作成）

碾磑《てんがい》は上下一組の石臼を指し、回転する上臼を「碾」、固定の下臼を「磑」という。福岡県太宰府市の観世音寺境内に直径約一メートルの「碾磑」が現存する。これが曇徴のものともいわれるが、それを裏付ける資料はない（三輪、一九七八）。

回転式の粉挽《こひ》き臼は上臼、下臼とも細い溝（目）が刻まれている。上臼を裏返し、下臼に重ねて回せば、粉が出るように〝目配り〟がしてある。では、どちらに回すのか。こんな昔話が本に載っている。

むかし、金持ちの兄と貧乏な弟がいた。年越しの晩、弟は兄の家に米を借りに行くが、断られる。帰る途中、弟は老翁に出会い、麦饅頭をもらう。その後、森の小人たちを訪ね、饅頭と引き換えに挽き臼を手に入れる。この臼は「右へ回すと欲しいものが何でも出る。左へ回すと出なくなる」という。臼を家に持ち帰った弟は、臼を右に回して米など入用のものを出し、めでたい年取りをして寝る。明けて元日、挽き臼から家や菓子を出す。それを透き見していた兄はその晩、臼や菓子を盗み出し、舟に乗って沖へ。腹が減って甘い菓子を食べているうち、塩が欲しくなる。やたら臼を回して「塩出ろ、塩出ろ」。ところが、止めることを知らないので、臼はぐるぐる回って舟は塩でいっぱい。とうとう塩の重さで舟も兄も、そして臼も海に沈む。その臼は誰も左回しにして止める人がいないため、今でも海の底でぐるぐる回り、塩を出している。それで海の水は塩辛いのだ。（柳田国男『改訂版・日本の昔話』角川文庫・一九六九、関敬吾編『桃太郎・舌きり雀・花さか爺』岩波文庫・一九五六から要約）

かつて粉挽き臼に接したことのある人たちに時折、回し方を手まねしてもらう。すると遠い記憶をたぐりながら、自信なさそうに大抵、右に回す。回す方向は先の昔話の世界と同じである。しかし、三輪茂雄氏（粉体工学）は『臼』（法政大学出版局、一九七八）でこう述べている。

手挽きの粉挽き臼は左（反時計方向）にまわすと出て、右（時計方向）にまわすと出ない。洋の東西を問わず、目のたて方は極めて僅かの例外を除き、左まわしである。したがって、（昔話は*）「左にまわせば粉が出るが、右にまわせば止まる」が正解である（*は著者補足）。

会水庵露地の石臼（東京都小金井市・江戸東京たてもの園）

わたしは以前、東京都小金井市の野外博物館・江戸東京たてもの園を訪ねたことがある。園では、現地保存が不可能になった文化的価値の高い建物を移築・復元している。そのなかに大正時代に建てられた茶室「会水《かいすい》庵《あん》」がある。もともと新潟県長岡市にあったもの。露地を歩いていて視線は足元に……。一瞬、目を疑った。飛び石に使われている石臼の目が、通常とは逆のパターンなのだ。例外的に右回しの臼があることは承知していたが、思いがけない初対面に感動した。解説シートにはこの臼が佐渡の産であると記されている。日本広しといえども、逆回しの臼は佐渡に目立つ程度なのだ。

左回しと右回し、どちらが合理的なのか。三輪氏は前掲書で次のような考え方を挙げている。

①右利きの人は右手で挽き手を持つ。左手は穀物の粒を穴に入れていく。そのとき左回しであれば、両方の手の運動は内側にかきこむ形になり、自然である。しかし、慣れれば、どちらでもよく、このことがさほど重要とは思われない。

②右手をまっすぐ伸ばして、押すときに力をかけ、引くときはその惰性で回すとしたら、左回しがよい。が、日本の道具は押すよりも引くときに力をかけるものが多いから、日本人には右回しが向いているという反論ができる。

「引くときに力をかける」道具とは鋸《のこぎり》や鉋《かんな》を指しているのだろう。日本の鋸の刃は鋸を手前に引いたときに切れるよう作られている。手前に引いて使う鋸はトルコや中国の一部に見られるが、これは例外で外国では押して使う。鉋も日本では引いて使うが、ヨーロッパや中国では押して使う。鋸も鉋も、そして挽き臼も大陸渡来の道具である。ところが、鋸と鉋はわざわざ日本流にアレンジする一方で、挽き臼はそのまま受け入れている。

鋸・鉋と挽き臼は、道具を扱う際の手の動きに直線と回転の違いがある。直線的に押すか引くかは「立つ・座る」の作業姿勢と密接に関わるという。木材の硬軟にも影響を受ける。一方、挽き臼を両手で扱うときの効率は左回しのほうが普遍性をもっているのかもしれない。

6 ぐるぐる回る、船の儀礼

宮島・厳島神社管絃祭。漕ぎ船に引かれた御座船が大鳥居沖を左に三回まわる

毎年旧暦六月一七日、広島県宮島は管絃祭でにぎわう。厳島神社の祭りで舞台は瀬戸の海。平安時代末期、平清盛が始めたといわれている。夕刻、祭神を乗せた御座船《ござぶね》が楽人《がくにん》の奏でる雅楽の調べとともに対岸の地御前《じごぜん》神社に向かう。この渡御《とぎょ》の際、漕《こ》ぎ船に引かれた御座船は大鳥居の沖で左に三回まわる。地御前神社から帰ってくる（還御《かんぎょ》という）と、回廊で囲まれた桝形《ますがた》で再び三回、左にまわる。

なぜ、船をまわすのか、左回りなのか。いずれも理由は、はっきりしない。一説に、船をまわすことで船に付いている憑き物を退散させるという。とすれば、管絃祭の船を三回まわすのは一種の祓《はら》いと思われる。また、複数の場所で回転させるのは、祓いを重ねることで、より清浄にしようとする目的があるのかもしれない。

宮島などとともに瀬戸内海・三大管絃祭に数えられる柏島《かしわじま》神社（広島県

呉市）の大祭も御座船が海上を進むと聞き、二〇〇三年に出かけた。引き船に先導された御座船は周囲約四キロメートルの島を左にまわり始めた。神職の説明は「神道では左を重視するため左回りなのです」。一周して四〇分後、神社沖合に姿を現すと左に三回まわり、帰港した。

船をまわすのは神社の祭りに限らない。たとえば「船おろし」。船が完成して進水するときの儀礼である。そこで、広島県内各地の船おろしの様子を尋ねてみた（一九九八年）。

＊佐伯郡大柿町深江（現・江田島市）

木造船をつくっている佐々木造船所の話。昔からの言い伝えで船を三回、左にまわす。ただし、なぜそうするのかは分からない。

＊佐伯郡能美《のうみ》町鹿川《かのかわ》（現・江田島市）

船大工の話。新しい漁船は大潮の満潮時におろして、左に三回まわす。より厳密にいえば初めに大きく三回、最後に小さく一回まわってから港に入る。これをオシマワシという。まわす理由は不明。

＊豊田郡豊浜町（現・呉市）

室原《むろはら》神社の話。大漁旗をなびかせた船が氏神である室原神社の沖合を三回、左にまわる。これは船を氏子に加えてもらう儀礼。船おろし以外でも長期間、漁に出るときは同じように船を左に三回まわす。氏神に航海安全を祈って行う。

わずかな事例ではあるが、「船は左回り」の傾向が浮上する。では、他の地域はどうか。

鳥越憲三郎氏（一九八二）は「福岡県の芦屋でも新造の舟は港内を左廻りに三度漕ぎまわす」と述べている。福岡県玄海町（現・宗像市）も同様だが、船をまわしながら左右に揺さぶる。これは船の霊を居つかせる行為だという説がある（楠本正、一九九三）。船おろしとは違うが、愛媛県越智《おち》郡宮窪村（現・今治市）では一月七日のツリゾメ（初釣り）に、沖で船を左回りに一度または三度まわす（民俗学研究所、一九七五）。一方、長崎県の壱岐勝本浦では、漁船は必ず右回りに船をまわしてから出港する（吉田禎吾、一九七六）というが、各地の事例を見ていくと船の右回りは極めて少ない。

船首を左に向けるときの舵《かじ》や船の左舷をトリカジ、右に向けるときの舵や船の右舷をオモカジという。野村史隆氏が『日本民俗大辞典・下』（吉川弘文館、二〇〇〇）の「トリカジ」の項でこう記している。

　不浄物の乗り下りに使われるオモカジ（右舷）とはちがい、聖なる側の意識が強く、船下《ふなお》ろし（進水式）で船を海に浮かべてから村落の湾口付近の神が宿る岩礁地や聖域とされている島、あるいは神社前の海域を三回まわる習わしが各地にあるが、この時も船が旋回するのは左まわりのトリカジである。

そして、左舷が神聖視されている例として、①進水式の前に船霊《ふなだま》さんを帆柱の下などに納めるとき、船大工は左舷から乗り込む、②祭りや盆、正月に船霊さんに供え物をするとき、船主は左舷から乗船する――などを挙げている。一方、前掲書・上のオモカジの項では、海上で水死人を見つけたとき引き揚げたり、用便を足したりするのは右舷側を使う、と述べている。

船の空間を左右に二分したとき、大方の漁民が左舷＝聖、右舷＝俗（不浄）とみなしてきたのである。同じトリカジの言葉で語られる、左舷と左回り。左舷の神聖視と船の儀礼の聖なる左回りは通いあう。

鳥越憲三郎氏は『原弥生人の渡来』（角川書店、一九八二）で日本の左回りの習俗を広く取り上げ、こう記す。

わが国の葬送習俗でも、野辺送りの出立ちにあたっての庭で、また墓地の棺台の上や埋め墓の穴のところで、棺を左廻りに三回まわす。民俗学では死霊を怖れて、家に帰って来ないように方向を惑わすためだと説明されてきた。……左廻りに三回まわることは、別かれの挨拶であったことだけは確かである。……東北地方で嫁入りのとき、入家した花嫁はまずイロリの周囲を左廻りに三回まわる。それは家の神である火の神に対して、家族員になることの承認をうける挨拶である。

じつは、葬送と嫁入りの民俗例には右回りも数多く見られる。このため左回り限定で語ることは慎重にならざるを得ない。これらの習わしは「まわること」そのものに意味を求めてみたらどうだろう。結婚式も葬式も、人生の〝通過儀礼〟である。新世帯に、あるいは来世に生まれ変わる「節目の作法」としてまわる、とみる。まわることで新生・脱皮更新への回路が開かれるのである。そこで進水の際の船も、人になぞらえてまわし、ケガレを祓ったりハレの門出を祝ったりしてきたのではないか。加えて神事の色彩が濃いため、あえて聖なる左回しを選択したのだろう。

7 回り灯ろう……仏教と右

小学生のころ、盆になると仏壇の前でくるくるまわる灯ろうを飽かずに見つめていたものだ。動く影絵の不思議な魅力が、夏の暑さをひととき忘れさせてくれた。

回り灯ろうは走馬灯とも呼ばれ、その独特の印象はたとえに使われてきた。次々に思い出す様子をわたしたちは「走馬灯のように」と形容し、文部省唱歌「汽車」は窓外の風景を「回り灯ろうの画《え》のように変わる景色のおもしろさ」と綴《つづ》っている。

その回り灯ろうは一体、どちらにまわっているのだろうか。岐阜・香川・高知県などのメーカー五社に問い合わせたところ、返答はすべて右回り。岐阜のメーカーは「円筒の羽根の向きで右回りになる。しかし回転方向の根拠は分からない」と話す。そこで、その業者の製品はどんな仕掛けなのか、調べてみた。灯ろうの中には彩色を施した回転筒がある。筒の蓋《ふた》はアルミ製で放射状の切り込みがあり、いずれも右下向きに折り曲げられている。電球の熱であたためられた空気が上昇し、切り込みの羽根を動かして円筒を右に回転させる、というわけだ。

「まわる」といえば仏教では霊場めぐりの巡礼が知られている。四国八十八カ所の遍路の旅は徳島県

四国八十八カ所・一番札所霊山寺（徳島県鳴門市）

鳴門市の一番札所・霊山寺《りょうぜんじ》からはじまって高知県、愛媛県とめぐり、香川県さぬき市の大窪寺《おおくぼじ》で結願《けちがん》となる。右回りの巡礼で、これを「順打ち」という。左回りの「逆《さか》打ち」もあるが、標準はあくまでも右回りだ。

宗教学者の山折哲雄氏（一九九六）はこう指摘する。「西国三十三観音霊場や坂東三十三観音霊場、秩父三十四観音霊場も、やはり右回りで渦巻状のコースになっているんです。比叡山の千日回峰行《かいほうぎょう》も、東塔から出発して西塔、横川というように、比叡山の峰々を右回りにまわるのがスタンダードな順路になっています」

古代インドには尊敬の念を示すとき、右脇を貴人に向けて周りを三回めぐるという右回りの礼法があった。これは右を浄、左を不浄とする考え方に基づく。自分の体の右半身、すなわち清浄な部分を貴人に向けてまわれば礼を失することはない。

右回りの礼法を右遶《うにょう》と呼ぶ。三回まわるので右遶三匝《さんそう》という。匝は回転の意である。仏教に詳しい宮坂宥勝氏（一九九五）によれば、右遶はサンスクリット（梵語）プラダクシナーを訳したもので、もともと太陽と同一の方向、つまり右方に動くことを指す。この礼法は仏教に取り入れられ、仏塔を右に三回めぐることになった。

インドの右回り儀礼は日本にも伝わり、寺院の法会のとき、僧侶は経を唱えながら本尊に右肩を向けてまわる。[*1] 霊場を右回りにたどるのも、仏具の回り灯ろうが右に回転するのも、連綿と受け継がれてき

マニ車。日本の寺院にも見られる（広島県宮島・大聖院）

たインドの慣習が影響を及ぼしているのだろう。

仏教の右回りには次のような例もある。チベット仏教の寺院では入り口や壁に、経文を納めた円筒形のマニ車が設けられている。一回まわすと経典を一回読むのと同じ功徳があるという。じつはこの仏具も右にまわす[*2]。携帯用のマニ車を、右にまわしながら歩く人たちの姿はよく知られている。

仏教の右回りに関しては、開祖・釈迦の身体的特徴に触れないわけにはいかない。体毛や螺髪《らほつ》（頭髪）は右に旋回し、眉間《みけん》にある白毫《びゃくごう》（白い毛）も右回りの渦である。さらに、釈迦の誕生が右に深くかかわっている。言い伝えでは、母の摩耶夫人《まやぶにん》がルンビニの園に咲くアショーカ樹（あるいはサーラ樹）の花を採ろうと右手を伸ばしたとき、右の脇から釈迦が生まれたという。これこそ、聖なる右を象徴するものといえる。

東南アジアの僧が黄褐色の袈裟《けさ》を左肩から右脇下にかけている風景をテレビなどで見る。このように衣を右肩から外すことを偏袒右肩《へんだんうけん》という。不浄な左肩を覆い、右肩を露出させるもので、古代インドの礼法の名残である。この着衣法には清浄な右半身を尊者に向けて回る右遶の本質が見事に表されている。

今では人助けを意味する「片肌を脱ぐ」。この言い回しは偏袒右肩に由来する（宮坂宥勝、一九九五）。あらわにした肌と清らかな右の取り合わせが誠意を示す。

＊１　黒田日出男氏（一九八八）は絵画史料から、阿弥陀仏の周りを回る「念仏の行道《ぎょうどう》」が右回りを基本にしていたと推定。一遍上人と時衆・時宗の「踊り念仏」も『一遍聖絵《いっぺんひじりえ》（一遍上人絵伝）』などから右回りであったと読み解き、これは念仏行道をベースにしていたことを示す、と指摘した。さらに、黒田氏は、日本仏教における回転運動が基本的に右回りである、と述べている。ただし、例外として、禅堂内を巡回する役の直日《じきじつ》は左回り。直日は、座禅で姿勢が乱れていたり集中力を欠いていたりする修行者に、警策（けいさく・きょうさく）で肩を打つ。

＊２　チベットには、仏教が伝わる前からの土着的宗教、ポン教がある。マニ車をチベット仏教徒は右に回すが、ポン教徒は左に回す。中国チベット自治区の聖山カイラスをめぐるときも、前者は右に回り、後者は左に回る。

8 星もぐるぐる……公転・自転の謎

ふだんは天体に興味がなくても、とぼとぼと夜道をたどっていて、ふと見上げた無数の星の輝きには心の中まで澄み渡るような安らぎを覚える。そんなとき、あらためて宇宙のさまざまな不思議を思ったりする。

地球の属する太陽系は多くの天体が集まって構成されている。太陽を中心に八個の惑星と惑星の周りを公転する衛星、火星と木星の軌道間にある多くの小惑星、そして彗星《すいせい》などである。これら太陽系の天体はどちらに回っているのだろうか。

太陽系の惑星はほぼ同じ平面上を公転している。地球の公転面（黄道面《こうどうめん》）を北極から見下ろしたとき、それぞれの天体の回転方向がどちらかで左回り（反時計回り）や右回り（時計回り）が決まる。この基準でみると太陽系惑星の公転はすべて左回りとなる。また、すべての小惑星が太陽の周りを左に回っている。彗星の公転も一部の例外はあるが、左回りである。そもそも中心にある太陽の自転が左回りなのだ。太陽系天体の左回りの公転は太陽系の生成と関係があるようだと察しがつく。

太陽系の誕生は約四六億年前にさかのぼる。宇宙のガスや塵が集まり、特に濃くなったところ（星間《せいかん》雲《うん》）が自分の重力によって収縮を始める。星間雲は全体としてある方向への回転成分をもっている。そこで収縮するにつれて、運動を保つため回転速度を速めていく。また、回転面に対し直角の方向は収縮が続くため、太陽系が生まれる直前の星間雲は円盤型になる。これは「原始太陽系星雲」と呼ばれる。

やがて、その中心に太陽が生まれ、回転する円盤の中では中心に集まれなかったガス・塵から大量の微惑星が誕生した。さらに微惑星が衝突・合体を繰り返しながら次第に成長し惑星ができた。このため、生まれた惑星はいずれもガス円盤の回転方向に公転することになる。その方向が左回りというわけだ。

同じ方向に回る円盤から太陽系が誕生したのであれば、惑星の自転もすべて左回りになっていいはずだが、金星と天王星は右回りである。

自転が右回りか左回りか、を決めるモノサシがある。公転軌道面に垂直な直線と惑星の自転軸がつくる角度（赤道傾斜角）だ。これが九〇度であれば、自転軸が軌道面上に横倒しになった状態で回転していることになる。九〇度を下回っていれば左回り、九〇度を超えると右回りである。

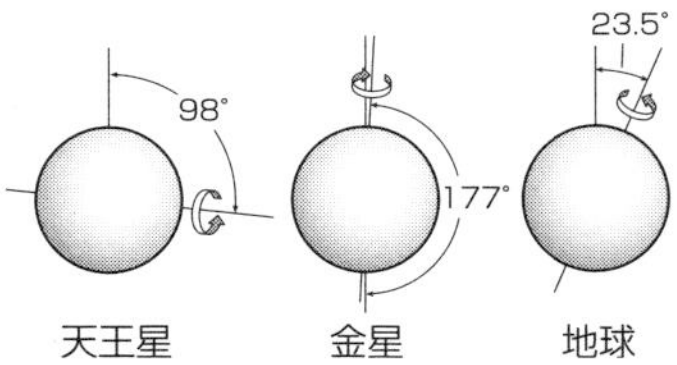

惑星の自転と赤道傾斜角（西城恵一・洞口俊博『宇宙の質問箱・太陽系編』（誠文堂新光社, 1992, 174 頁をもとに作成）

金星は一七七度でいわば逆さまの状態。つまり公転と逆向きの右回りに自転している。天王星は九八度だから、右回りとはいいながら、ほぼ横倒しで回転していることになる。天王星が横倒しになった理由について、西城恵一・洞口俊博著『宇宙の質問箱・太陽系編』（誠文堂新光社、一九九二）では次のように説明している。

天王星に別の天体、それも地球ぐらいの大きさの天体が衝突したためと考えられています。その衝突のために、おそらく公転方向とほぼ同じだったと思われるそれまでの自転の向きが、現在の向きに変えられてしまったのです。この衝突は、かなりの大昔、太陽系がまだ若く、天王星やその衛星たちができはじめたころにおこったと考えられています。

金星についてはどうか。国立天文台・天文情報センターはこう答える。

「金星の内部の核とマントルの摩擦は自転にブレーキをかけ、金星の濃い大気は自転を加速するように働きます。これらがバランスをとり、最終的には自転軸の傾きは〇度か一八〇度、自転周期は七六・八三日か二四三・〇二になるというシミュレーション結果があります。さらに、金星が地球に接近するたびに地球の強い引力（潮汐力）を受け、地球に同じ面を見せるようになってしまったことが、金星の自転方向がほかの衛星とは逆になった原因であると考えられています」

太陽系の惑星では、地球、火星、木星、土星、天王星、海王星から数多くの衛星が見つかっている。惑星を回る衛星の公転は左右のどちらだろう。

母惑星の周りにあったガス・塵が集まってできた衛星であれば、軌道は円に近く、ほぼ母惑星の赤道面に乗って回る。これらは規則衛星と呼ばれ、公転は母惑星の自転と同じ向き（順行）になる。たとえば、地球の衛星である月は左回りに公転している。これまで衛星のほとんどはこのパターンだと考えられていた。ところが、近年の観測で多くの不規則衛星が見つかる。そしてむしろ、これらが多数派であることが分かってきたという。軌道は大きな楕円を描き、母惑星の赤道面に対して斜めに大きく傾いている。

しかも、こうした不規則衛星の多くは母惑星の自転とは逆の方向に公転（逆行）している。つまり、不規則衛星と規則衛星はその起源を異にしているのだ。不規則衛星は太陽系初期の産物で、その正体は別の軌道にあった小天体だとされる（D・ジューイット、S・S・シェパード、J・クレーナ「不規則衛星だらけの太陽系」『日経サイエンス』二〇〇六年一一月号、編集部訳、日経サイエンス社）。

衛星はどのようにして逆行するようになったのだろう。国立天文台・天文情報センターは「まだ研究途上の課題ですが、多くの研究者は、接近してきた小天体が惑星に捕らえられたものと考えています」という。

国立科学博物館・天文担当はこんな考え方を示してくれた。

「小天体の接近が、たまたま惑星の軌道の前方を横切る形になり、惑星の引力に捕らえられて逆行衛星となったものです。惑星の後方からの接近では捕らえられることはありません」

宇宙に繰り広げられる左右の回転。それは、無窮の探究心をかき立ててやまない。

9 気になる左回り・あれこれ

大相撲幕内力士の土俵入り。左に回る
（写真提供・ベースボール・マガジン社）

大相撲の場所中は時折、茶の間を桟敷にテレビ観戦を楽しんでいる。「右と左」が念頭にあるため、二つの「回る儀式」が気になって仕方ない。一つは東西の幕内力士の土俵入りである。花道から土俵にあがった力士はそれぞれ左に回って円陣をつくる。そして柏手《かしわで》を打ち、化粧まわしをヒョイと持ち上げたあと左回りに帰っていく。もう一つは呼出《よびだ》しが持って回る懸賞旗《けんしょうばた》だ。こちらも土俵を左に回る。なぜ、そしていつから左回りなのか、日本相撲協会相撲博物館に尋ねた。

「土俵祭り*1の際の触れ太鼓も正面から見て土俵を左回り（反時計回り）に三周しています。しかし、こうした左回りについて、はっきりした理由は分かりません。また、土俵入りは一七世紀後半から一八世紀初めにはすでに行われていましたが、当時から左回りだったかどうかもはっきりしません」

力水を付けて心身を清め、土俵に塩をまいて邪気を祓《はら》い、四股《しこ》を踏んで足元の邪霊を鎮める——。力士の一挙手一投足に禊《みそぎ》・祓いが認められる。先に挙げた左回りの儀式も土俵を清浄化する一連の動きの一つなのかもしれない。そうであれば、船の儀礼で左に回ってケガレを祓うことに通じる（第三章六節参照）。

スポーツの回転方向ではこんなことも気になる。一九九八年四月、広島市内で行われた織田記念陸上・女子ハンマー投げ。わたしは選手の足元を注視していた。

女子ハンマー投げ。ほとんどの選手が左回りでターン。1998 年，織田記念陸上（広島スタジアム）

ハンマー投げの競技規則にはおよそ次のように書いてある。「サークルから投てきを行う。競技者はサークルの内側で静止の状態から投げ始めなければならない」（日本陸上競技連盟競技規則二〇〇八年版、第一八七条第一三項）。ただし、ターンの方向に関する規定はない。

この大会では、出場選手一二人のうち一一人は左回りで投てき、一人だけ右回りで投げていた。そこで大会の出場者で当時、日本記録を保持していた鈴木文さんに後日、尋ねてみた。

「私は右利きだから、左回転の方が回りやすいのです。左足を軸に右足で回転を加速させて飛ばしています」

回転は各人の利き足と関係していることが分かる。右手利きの人

保育園の盆踊り。左にまわりながら輪を描く

は足も右利きになりやすく、その右足で回転運動をコントロールするのである。ちなみに、唯一の右回転の選手は左利きであった。

　フィギュア・スケートのスピンはほとんどが左回りで、演技全体の流れはリンクを左に回るように構成されている（前原勝矢、一九八九）。社交ダンスでは左回りをナチュラルターン、右回りをリバースターンと呼び、左回りを自然な動きとみている（前原、一九八九）。盆踊りも左回りで輪になって進むのが見慣れた風景。また、火災などの災害が発生した場合の避難特性として、帰巣本能（最初来た経路などに脱出を図る）や退避本能（異常事態の発生場所を認めると反射的にその反対方向に向かう）、指光本能（明るさを求めて行動する）、追従本能（先行する者に追随し、合流しようとする）などと並んで「左回り本能」がある。視界の悪いなかでは自然に左へ回って逃げようとする。

　こうして挙げてきた左回りは、相撲の土俵入りを含めて、足（脚）を中心にした動きである。これらはハンマー投げの左回転と同様に、右足利きと関連があると考えられる。一方、トンボ捕りに人さし指で輪を描くのは右回し、小鉢の納豆を箸で混ぜるときも右回し、そして手ロクロの回転も右回し。いずれも手首を使うので、右手利きには右回しのほうが理にかなっているのだろう。

　回転方向を決める要素として右利き[*2]の生理面に着目すれば、手の運動系統は右回し、足の運動系統は左回り、と大ざっぱに考えることができるが、果たしてどうだろう。

＊１　本場所初日の前日、土俵上で場所中の平安を祈願する。神職の装束に身を包んだ立行司が祭主をつとめ、祝詞をあげて相撲故実を奏上。その後、土俵中央の穴に鎮《しず》め物（勝ち栗、昆布、スルメ、洗い米、榧《かや》の実、塩）を納め、徳俵に神酒を注ぐ。おしまいに花道から呼出しが触れ太鼓を打ち鳴らしながら入場し、土俵の周りを三回まわる。

＊２　利き手は時代・文化を超えて右手利きが約九〇％を占める。右手利きが多いのは脳の優位性に基づく。「交差支配」といって左脳は右半身を司り、右脳は左半身をコントロールする。このうち言語機能に優れているのは左脳。右手利きが急激に増加するのは一〇～二五歳で、このころは抽象的な思考が可能な時期でもある。考える力を育てるには言語能力の発達が不可欠。つまり左脳の機能的発達が右手利きを促した、という（前原勝矢、一九八九）。

右往左往 コラム⑦

回る神様

記紀神話には、男神イザナギと女神イザナミによる国生みが語られている。この場面で、両神は柱を回って結婚する。『古事記』では、イザナギがイザナミにこう呼びかける。

汝《な》は右より廻《めぐ》り逢《あ》へ、我《あ》は左より廻り逢はむ

「右より廻り」は微妙な表現で左回り（反時計回り）とも受け取れるが、記紀神話の解釈をしている勝俣隆氏（二〇〇〇）は、イザナギが左回り、イザナミが右回りにめぐって出逢い結婚する、と述べている。そして、両神は淡路島をはじめとする大八島《おおやしま》などを生む。

一方、『日本書紀』はこう記す。

陽神《をかみ》は左より旋《めぐ》り、陰神《めかみ》は右より旋る

陽神はイザナギ、陰神はイザナミである。書紀の一書《あるふみ》（異伝）では「妹《いも》は左より巡れ。吾《われ》は當《まさ》に右より巡らむ」といって交合し、失敗。その後、柱の周りを「陽神は左よりし、陰神は右よりして」めぐり逢うことで国生みに成功する。

記紀では男神が左に回ることで、ものごとが成就する。塚崎幹夫氏（二〇〇五）によれば、両神の回り方の背景には中国の陰陽説がある。天＝男＝左＝陽、地＝女＝右＝陰という対応関

上立神岩《かみたてがみいわ》　兵庫県南あわじ市沼島《ぬしま》にある。一説に，沼島は国生み神話の「おのごろ島」といわれ，この岩はイザナギ・イザナミが結婚のため回った「天《あめ》の御柱《みはしら》」とみなされている（写真提供・南あわじ市観光協会）

係だ。「天左旋、地右周」* の原則に基づき、男神の左旋、女神の右旋となったという。そして陰陽の和合で国を生む。

土俵入りで力士が左に回るのも、あるいは神話にヒントを得たのでは、と思わせる。男社会の大相撲のこと。古式を重んじる角界は、左右どちらかの回り方を選ぶ際、古典にならって「男左旋」を採ったのではないだろうか。

さらに想像をたくましくすれば、天を象徴するチカラビトが、土俵（大地）にこもる女神の豊穣の力も借りて天地合一で武運を祈る呪術こそ、あの左回りの土俵入りというセレモニーなのではないか。

土俵が、方形の中心に円《まる》く造られ、天円地方（天は円く、大地は方形。古代中国の宇宙観）であるのも単なる偶然とは思えない。

*中国の古典では、『春秋緯《しゅんじゅうい》』元命包《げんめいほう》に「天は左《さ》旋《せん》し、地は右動《うどう》す」、『芸文類聚《げいもんるいじゅう》』天部《てんぶ》所引の白虎通《びゃっこつう》に「天は左旋し、地は右周《うしゅう》す」、『医心方《いしんぼう》』所引の洞玄子《どうげんし》に「男は左転《さてん》し、女は右廻《うかい》すべし」などという記述がある（勝俣隆、二〇〇〇）。さらに、勝俣氏によれば、「天は左に回転する」は、古代中国人が北の空を眺めたとき、天空が北極星を中心に反時計回り（左回り）に回転していることを指した。逆に大地は右回りしているように見える。そこで、イザナギとイザナミが回る柱は北極星の見立ての可能性があるという。

第四章◉通行法

1 「車は右」が優勢

「右ハンドルから左ハンドル　法案提出へ」。タブロイド判の最終ページをまるまるつぶした「特ダネ」を掲載したのはケニアの日刊紙「イースト・アフリカン・スタンダード」。

ケニアの車は日本や英国同様、左側通行だが、これを欧州や米国にならって右側通行にするための法案が近く提出される、というものだ。運輸省の見解も載っている。

一日朝、同新聞に問い合わせると「あなたでこの記事の問い合わせは四人目だ」と担当者。読者は恒例のお遊びには寛容なようだ。

以上は朝日新聞が二〇〇〇年四月二日付朝刊「世界のくらし」で取り上げた記事。各地のエープリルフールにまつわる話を集めていて、その中にケニアの〝虚報〟もあった。

通行法を実際に左側から右側に切り替えた国がある。たとえば、一九六七年のスウェーデン。それまで道路も鉄道も左側通行だったが、隣接諸国に合わせるため、道路交通だけを右側に変更した。国境を超える交通量の増加に伴い、四年の歳月と莫大な経費をかけて踏み切った。将来の国益を見据えた勇断

右側通行の中国（北京市，撮影：袁葉）

右側通行のドイツ（フライブルク市，撮影：小沢陽子）

だった。

右側から左側への変更例は沖縄県の交通革命「ナナサンマル」。米国の統治下にあった沖縄は一九七二年の本土復帰後も、米国式の「人は左、車は右」を続けていたが、七八年七月三〇日午前六時を期して「人は右、車は左」に切り替えた。このため、本土からの応援も含め四八〇〇人の警察官が出動した。前日夜からの作業を、当時の新聞はこう報じている。

午後十時、出動中のパトカー七十七台、消防署、自治体の全サイレンが県下一斉に一分間鳴りわたり、三十日午前六時までの特別交通規制を告げた。同時に、信号や道路標識などの切り替え作業を始めた。この時間帯に走行できるのは県下二十八万台（うち米軍二万五千台）の車両のうち警察、緊急車両六百九十台、切り替え工事車千百八十台など一万台だけ。路上駐車の車も二十六台のレッカー車が次々に撤去した。

県下七十三拠点、七百七十二交差点に警察官を重点配置した厳戒態勢の中、切り替え作業は急ピッチで進んだ。切り替え作業は信号機三百五十三基、道路標識三万七千五百四十一基、道路標示延べ百七十キロメートルに及び、カバーでおおわれている新しい設備のカバーを取りはずし、旧設備にかぶせた。

（毎日新聞一九七八年七月三〇日付朝刊）

ナナサンマルはハンドルの変更を伴っていた。交通評論家・岡並木氏が『これからのクルマと都市の関係』（ダイヤモンド社、一九八五）で次のように述べている。

沖縄の場合は、右側という長い習慣だけでなく、左ハンドルという習慣が、ワンセットになっていた。しかし、乗用車やトラックは、ここ二、三年来、徐々に右ハンドルに変わってきていたから、大半のドライバーは、左側通行だけに注意を集中すればよかった。ところが約千台のバスは、この日、はじめていっせいに右ハンドルに変わった。

つまり、バスのドライバーは、二つの習慣を一度に変えることを迫られた。初日の事故八十二件のうち、六割の四十九件がバス事故だったことは、ベテランといえども、新しい環境への適応速度には、限界があることを物語っているといえよう。

バスは乗降口の関係で当日いきなり、「左ハンドル・右ドア」から「右ハンドル・左ドア」に変わったのである。

バス事故のほとんどは、バスの左側を走るタクシーやマイカーと接触したり、道路左側に寄りすぎて車輪を路肩から落としたり、バス停のポールにサイドミラーをぶつけたりするなど「左側」で起きた。事故を起こした運転手たちは「右ハンドルに変わって路肩の位置が全然つかめないため」と口をそろえ

	左側通行	右側通行
アジア	日本，香港，マカオ，タイ，マレーシア，シンガポール，インドネシア，インド，スリランカ，バングラデシュ，パキスタン，ネパール，ブータン	中国，台湾，韓国，北朝鮮，モンゴル，フィリピン，ベトナム，ラオス，カンボジア，アフガニスタン，イラン，イラク，オマーン，イエメン，クウェート，イスラエル，ヨルダン，シリア，レバノン，サウジアラビア，トルコ，グルジア，タジキスタン，カザフスタン，ウズベキスタン，アゼルバイジャン
大洋州	オーストラリア，ニュージーランド，パプアニューギニア，フィジー，ソロモン，トンガ	
アフリカ	ケニア，ソマリア，ウガンダ，タンザニア，ボツワナ，ザンビア，ナミビア，ジンバブエ，南アフリカ共和国	エジプト，リビア，チュニジア，アルジェリア，マリ，モロッコ，モーリタニア，セネガル，スーダン，エチオピア，ナイジェリア，ニジェール，ガーナ，リベリア，ギニア，コートジボワール，コンゴ民主共和国，カメルーン，ガボン，アンゴラ，マダガスカル
欧州	英国，アイルランド，マルタ，キプロス	ポルトガル，スペイン，フランス，ドイツ，スイス，オーストリア，イタリア，モナコ，オランダ，ベルギー，デンマーク，チェコ，ポーランド，ボスニア・ヘルツェゴビナ，クロアチア，ギリシャ，マケドニア，ブルガリア，ルーマニア，ハンガリー，スロベニア，ウクライナ，ベラルーシ，エストニア，ラトビア，リトアニア，ロシア，フィンランド，ノルウェー，スウェーデン，アイスランド
アメリカ	バハマ，ドミニカ，ジャマイカ，トリニダード・トバゴ，スリナム	カナダ，米国，メキシコ，グアテマラ，エルサルバドル，ホンジュラス，ニカラグア，コスタリカ，パナマ，キューバ，ドミニカ共和国，ハイチ，コロンビア，ベネズエラ，エクアドル，ペルー，ブラジル，ボリビア，パラグアイ，ウルグアイ，チリ，アルゼンチン

AIT/FIA（OTA）（国際自動車連盟情報センター）作成資料より

ていた（読売新聞一九七八年七月三一日付朝刊から要約）。

岡氏が前掲書で指摘している。

「事故を防ぎたければ、それにふさわしい訓練プログラムが必要だったわけだが、沖縄では、それが残念ながら盲点になっていた」

さて、世界の国・地域は右側通行と左側通行のどちらを採用しているのか。その分布を概観してみよう。ＡＩＴ／ＦＩＡ（ＯＴＡ）（国際自動車連盟情報センター）作成の資料をもとに前頁の表に示した。世界を見渡すと「車は右」が圧倒的に多い。ＡＩＴ／ＦＩＡ（ＯＴＡ）のデータには合計二〇六の国・地域が記載されていて、このうち右側通行は一四六（約七〇・九％）、左側通行は六〇（約二九・一％）である。ヨーロッパ大陸の国々はことごとく右側通行だ。左側通行は英国と、かつて英国の支配下にあったアイルランド・インド・マレーシア・香港・オーストラリア・南アフリカ・バハマなど。

日本で左側通行を定めたのは明治三三年（一九九〇）六月二一日のこと。警視庁令「道路取締規則」に車馬の通行法が盛り込まれた。

2 通行法はこうして生まれた

各国の通行区分、つまり右側・左側通行の説明で必ず持ち出されるのが、ナポレオン・ボナパルトの用兵法である。たとえば、次のように説明される。

ナポレオンが出現するまでは、戦闘に際して部隊の左側の兵士から攻撃に当たらせるのが、いわば〝セオリー〟だったのだ。そのため、当然、進軍するときも道路の左側に沿って兵士は進むことになる。これに対してナポレオンは、部隊の右側の兵士から攻撃に当たらせることを思いついたのだ。この〝発想の転換〟によって、彼は勝利をほしいままにしたのである。

ここからナポレオンが征服した国は、すべて右側通行が交通規則として慣習化された。これに対して、彼が征服しなかったイギリス、スウェーデン、チェコスロバキアの三国だけは左側通行がそのまま残されたというわけである。

（箱崎総一『左利きの秘密』立風書房、一九七九）

現在右側通行のスウェーデンとチェコはかつて左側通行だった。だから、なるほどと思わせるところがある。が、英雄に事寄せた感が残る。エッセイスト・玉村豊男氏は『ロンドン旅の雑学ノート』（新潮文庫、一九八三）でナポレン由来説のバリエーションを紹介している。「ナポレオンはことごとく英国と反対のことをやりたがったので、行く先々でそれまで左側通行だったのをわざと右側通行に変えてしまった」というもので、この説を支持するフランス嫌いの英国人もいる、と述べている。有力な説は、自動車が登場する前から走っていた馬車の形式ならびに御者の位置の違いに基づくとして、こう述べている。

英国の馬車は一頭立てないし二頭立てが主流で、御者は馬車前方（または馬車の屋根の上）の右側に位置する御者席に陣取っていた。右手で長いムチをふるうわけだから、右側に邪魔ものがないほうが望ましいからである。左側に座ってムチをふるったらムチが荷台（客席）にひっかかってしまう。

さてそうして走っているところへ、向こうからもう一台の馬車がやってくる。幅の狭い道で二台の馬車が衝突せずにうまくすれちがうのは難事業だ。とにかく事故をふせぐには見通しをよくせねばならない。で、馬車をなるべく左へ寄せて右側の視野を確保しようとした……（略）。

こうして、馬車の交通量がふえるにしたがって、英国の左側通行システムは確立していき、自動車の時代になっても運転席は右側の〝御者の位置〟を占めることになった。

ところがヨーロッパ大陸のほうでは、馬車の主流はむしろ四頭立ての大型馬車であった。四頭立て馬車では四頭の馬は横一列に並ぶのではなく、先頭に二頭並ばせ、そのすぐ後に二頭をつなぎ、御者は後列の左側の馬にまたがってムチをふるった。右手でムチをふるって残り三頭の馬を御するにはそれがいちばんいい位置だからだ。

さてそうして走っているとき、向こうからもう一台の馬車がやってくる。と、これは当然、馬車を右側に寄せることで安全にすれ違おうとするだろう。ヨーロッパ大陸の各国ではこうして右側通行が習慣となり、自動車も左ハンドルになった……。（玉村豊男、前掲書）

岡並木氏は馬車の御者の位置で通行区分が決まったとしながらも、道路状況に注目。著書『これからのクルマと都市の関係』（ダイヤモンド社、一九八五）で次のように指摘している。

十八世紀の後半から十九世紀にかけて、フランスは、ヨーロッパのどの国より早く、本格的な舗装技術を開発し、全国に道路網を完成していった。都市間に作られたこの道路は、雨水のはけをよくするために、舗装面に丸味がつけられ、両側に排水溝を備えるようになった。

ところで、この新しい道路は、フランスの馬車に右側通行を促すきっかけになった。一六、七世紀から、フランスの郵便馬車や大型の駅馬車は、御者が車体には乗らず、先頭の左側の馬の背に乗ることが決められていた。六頭立てのときは、二人が左側の先頭と三頭目に乗った。（略）

さて、この馬車が、丸味のある新しい道路の左側を走っていると、どういうことになるか。何かの拍子に馬が、道の左に寄りかけたとする。そのとき、右腕を使って、右側の馬を道の中央へ向けられればいいのだが、路面が左に傾いているから馬の全重量が御者にかかってきているので、右腕で、右側の馬を中央に押しやることは、難しくなっている。

また、馬を停めようとしても危い。停めようとするとまず、右側の馬より先に、左側の馬の速度が落ちる。このタイミングのずれで、馬はますます左へ寄る。（略）こうして、馬車はついには左側の溝に落ち、御者は馬の下敷になって、死ぬか重傷を負うこともある。（略）

もし、道路の右側を走っていれば、かりに溝に落ちかかっても、右の馬を中央へ向けることは比較的やさしいし、また速度を落とせば、自然に左へ、つまり中央へ向きが修正できるから安全である。

このような経験を積んで行くうちに、右側を走る馬車が増えてきて、一八五一年フランス政府は、右側通行を法律で決めた。（略）

イギリスでは駅馬車も郵便馬車も、フランスと違って、御者は、車体中央の御者台にいた。この場合は、その位置と利き腕（右腕）の関係から、右側の馬のほうが手綱で御しやすい。そこで左側を走っているときのほうが、右側を走っているときよりも、溝に落ちかかったときに、道の中央へ馬を向けやすい。こうして、フランスとは逆の規則が、作られたという。

玉村、岡両氏の挙げた説は、いずれにしても多数派の右手利きを前提に通行法の起こりを展開している点で共通している。

一般に左側通行は右ハンドル、右側通行は左ハンドルという組み合わせである。しかし、馬車の御者の位置がそのまま自動車の運転席に引き継がれたとは言い切れない。自動車が現れたころは通行区分にかかわらず、車のハンドルはほとんどが車体の右側か中央にあったのだ。一九〇八年にニューヨークとシカゴで開かれたモーターショーには、八三台のアメリカ車が展示されたが、すべてが右ハンドルだった（折口透、一九八九）。

岡氏は前掲書で、左ハンドルの起源は一九〇八年に誕生したT型フォードであり、左ハンドルはヘンリー・フォード一世のアイデアだったと述べ、ハンドルを右から左に変えた理由をこう記す。

右ハンドルでは、運転者のとなりに座る、連れのご婦人が、埃のたつ、またぬかるみのひどい、あるいは危険な道路の中央側で乗降しなければならない。そこで、「婦人が直接、歩道に足を降ろせるよう、曽祖父は、ハンドルの位置を変えた」とエドセル・フォード二世が書いている。これが非常に受けて、まずアメリカの他のメーカーが、一九一〇年代にこれを追い、一九二〇年代にはヨーロッパ大陸の車も、ハンドルを左に変えた。

ハンドル変更について、自動車ジャーナリスト・折口透氏は『自動車はじめて物語』（立風書房、一九八九）で違う見方を示している。助手席にはいつも誰かが座っているわけではないが、ドライバーは必ず乗っている。そのドライバーが無理なく歩道に降りられるほうが合理的だからだ。そこで、「右から左へのハンドルの移行は、あるいは製作費軽減をねらいとしたもので、別にドライバーの都合を考えてのことではなかったのかもしれない」と語っている。その経緯は次のように推測される。

当時の車はギアチェンジレバーが右側の車外にあった。そこで左足もとのギアボックスとつなぐ装備にコストがかかる。レバーを直接、ボックスに取り付けたいが、右ハンドルだとデリケートなレバー操作を左手ですることに。そこでハンドルを左に移し、レバーを右手で扱えるようにした――。

右ハンドルで右側を通行すると、知らないうちに車がセンターラインに寄りすぎてしまうことがある。運転席は道路中央に近いほうが正面衝突を防げるはず。そうした配慮が右側通行の国々で左ハンドルを定着させたと考えられる。

右側通行の自動車のハンドルはめぐりめぐって、ここにめでたく馬車の御者の位置に収まった。

3 人も車も左……日本①

日本では古来、人や車は左右のどちらを通っていたのだろう。新井節男氏（一九八七）は手がかりを絵巻物に求めた。その結果、どちらも一四世紀（鎌倉時代）の作品である『石山寺縁起』と『法然上人《ほうねんしょうにん》絵伝』にそれぞれ一か所、出会いの場面が見られ、ともに左側通行であることが分かった。牛が引く荷車の左側通行と、貴人に道を譲って左側に控える武人である。下って、寛永元年（一六二四）作の屏風絵『四条河原遊楽図』には駕籠《かご》の往来などの様子が左側通行で描かれていることも確かめた。では、文献上はどうか。原田伴彦氏は『道中記の旅』（芸艸堂、一九八三）でこう指摘している。

江戸時代は右側通行だったのか、左側通行だったのか。史料に当ってみると、左側通行が一般的であったらしい。徳島藩の寛政十二年（一八〇〇）の法令に、往来は左側通行とし、これは「天下之御作法」とのべているごときは、その一端を示すものだ。

また、天保七年（一八三六）の『増補海陸行程細見記』でも「道中ハ自分左り手の方を通行すべし」などと左側通行の心得を説いているという。

こうした左側通行は「武士の刀の位置」に基づくとするのが通説だ。仮に右側を通るとすれば、不都合な点が二つある。武士は左に刀を差すので、すれ違う際、刀のこじり（鞘尻《さやじり》）が触れ合う恐れがある。そして左側から不意に攻撃を受けた場合には素早く抜刀できない。そこで自然に左側を通る習慣が生まれた、というのだ。

加えて、原田伴彦氏は前掲書で独自の視点を示す。それは道幅である。江戸時代、町や宿場を貫通する東海道筋は三間前後が普通。一般道は二間前後もあれば広い方だった。だから、左側を歩けば〝鞘当〟の悶着は避けられたはず。道幅の狭さが案外、左側通行の習慣を生んだのかもしれない、という。

明治になっても基本は「人は左、車も左」の左側通行。ところが、人々は道の真ん中を歩いていて、人力車や馬車がきても避ける方法を知らない始末。

車馬の増加は通行法の徹底を迫る。東京府は明治五年（一八七二）制定の「馬車規則」「人力車渡世者心得規則」で車が行き合うときは、互いに左へ避けるよう定めた。そして明治三三年（一九〇〇）、警視庁令「道路取締規則」で初めて車馬の左側通行を明記した。その第三一条に「諸車、牛馬ハ車馬道ノ設ケアル場所ニ在リテハ左側ヲ（中略）通行スヘシ」とある。この規則を起草した松井茂氏は、左側通行を決めた事情について大正一三年（一九二四）の警察協会雑誌に寄稿した。『警視庁史・明治編』（警視庁史編さん委員会編集発行、一九五九）に記載されているので要約する。

左側通行に決めたのは特別な理由や研究に基づいたものではない。古来、日本では武士は左に大小を差していたため、自然に左側を通る習慣がついていたという説があり、明治二二年制定の人力車営業取締規則では、車馬が行き合うときは互いに左に避けることになっていたことなどを参考として、何となく左側通行がよいと考えたに過ぎなかった。

しかし、欧州は右側通行であり、日本も軍隊は右側通行だったので、西郷内務大臣は右側説を支持。大浦警視総監に右側通行にするようにと、話されたとのこと。私は総監に左側通行がよいと、いろいろ説明したので総監は一応納得したが、「僕には西郷内相を説得する自信がないから、君が直接説得して来い」という。

私は内務大臣に会いに行き、説明したが、納得しないばかりか「君はどうしてそのように左側を主張するのか」と言われる。そこで「別に理由はありませんよ、ただこれだけですよ」といって刀を抜く手真似をしたら、西郷さんは「うむそうか、よかろう」と笑いながら承知されたのであった。

こうして左側通行に決まったものの、天下の公道なのになぜ左側を通行しなければいけないのか、などといった反論が多く、励行されなかったという。

明治以降の通行規則は車中心だったが、明治三四年（一九〇一）、警視庁告諭で歩行者の左側通行を初めて明確に定めた（齊藤俊彦、一九九七）。それは「人道車馬道ノ区別アル場所ニ在リテハ各人道ノ左側ヲ通行スルコト」という内容だった。

さらに大正九年（一九二〇）、内務省が「道路取締令」を公布した。従来各府県で定めていた「街路取締規則」を全国的に統一したもので、その第一条で「道路ヲ通行スル者ハ左側ニ依ルヘシ」と左側通行を規定した。

道路取締令を普及させるため、警察は宣伝ビラを役場や学校、工場、宿屋、料理店、浴場、汽車・汽船の発着場など公衆の頻繁に出入りする場所に掲示。「人も車も左」の周知徹底が図られた。

4 人は右、車は左……日本②

日本では明治以来、さまざまな法令で「人も車も左」を規定してきた。戦後の昭和二二年（一九四七）、それまでの法律に代わって「道路交通取締法」が公布された。その中で「道路を通行する歩行者又は車馬は、左側によらなければならない」とうたい、左側通行の原則を堅持している。

昭和二四年（一九四九）、「道路交通取締法」を一部改正。初めて「人は右、車は左」が採り入れられた。歩行者が前からくる車を確認して安心して歩ける、という対面交通である。これは昭和三五年（一九六〇）制定の「道路交通法」に引き継がれ、今日にいたっている。その条文には、こう規定されている。

第十条　歩行者は、歩道又は歩行者の通行に十分な幅員を有する路側帯（次項及び次条において「歩道等」という。）と車道の区別のない道路においては、道路の右側端に寄って通行しなければならない。

第十七条④　車両は、道路の中央から左の部分を通行しなければならない。（要約）

さて、初の対面交通導入に際しては、どんな事情があったのか。旧・交通博物館（東京都千代田区）

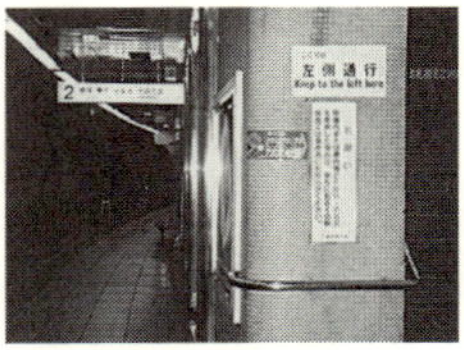

東京地下鉄丸の内線・国会議事堂前駅
左側通行の表示

JR 富山駅
左側に券売機があり，改札口も向かって左

JR 広島駅
跨線橋は概して左側通行

に尋ねた。

「戦後、連合国軍総司令部（ＧＨＱ）から、欧米各国で交通事故防止に大きな効果をあげている対面交通の実施が勧告されました。当初の勧告では、英国・英国領諸国を除く大部分の国が採用している『人は左、車は右』の米国方式を採用することになっていました。しかし、日本では明治以来、全面的に左側通行を実施してきた関係で、各種の車両をはじめ、交通関連の施設や設備がこれに適してつくられていました。これらの構造を変更するには膨大な費用が必要とされるため、『人は右、車は左』の英国方式を採り入れることになりました。ただし、駅構内はこの原則から、はずされています」

鉄道の駅構内は例外、ということは歩行者の左側通行も可。そこでＪＲ広島駅へ。

跨線橋《こせんきょう》を歩く人たちの流れを見ると、左側通行が優勢だ。駅の南口は向かって左に入口、右に出口。新幹線乗換口も同様。間をつなぐ跨線橋が左側通行になるはずだ。ＪＲ西日本広島支社はこう説明する。

「当社は特に通行方向を定めていません。なお、改札口は駅ごとの構造で左にあったり、右にあったりしますが、できるだけ券売機の近くに設けるようにしています。これは出口を通る利用客と交錯しないよ

大阪市・心斎橋筋

広島本通商店街

鹿児島市・天文館通り

うにするためです」

ＪＲ小倉駅の構内通路で以前、「左側通行にご協力ください」の表示を見た。その理由について、ＪＲ九州は次のように答えてくれた。

「駅の券売機やみどりの窓口が改札口に向かって左側にあるためです。切符を買った乗客がそのまま改札口に向かう場合、左側で改札したほうがスムーズです」

これまで利用してきたＪＲの各駅を思い出すと、出札口や券売機を向かって左側に設置している場合が多い。かつて駅の構造が左側通行に合わせて造られてきた、その名残かもしれない。

東京の地下鉄を乗り降りしていると、時折、駅に「左側通行」の表示を見る。これはなぜか、地下鉄博物館（東京都江戸川区）に尋ねた。

「駅の構造により、左側通行が望ましいと考えられるときや、左側通行のほうが地下鉄の利用客の流れがよいと思われるときには、駅務区長の判断で、左側通行の表示を出しています」

「人は左」は、ほかにも見られる。たとえば広島市中区の本通商店街。そぞろ歩きを楽しむ人たちはおおむね左側通行だ。左側通行と右側通行の比率は七対三ないし六対四といったところ。仙台、京都、大阪、鹿児島……アーケードの下はどこも同じである。では、地下街の人の流れはどうか。東京・八重洲や

福岡市・天神地下街

仙台市・クリスロード商店街

京都市・寺町京極商店街

東京・八重洲地下街

ＪＲ大阪駅前、福岡・天神で観察した結果、やはり左側に偏っている。

道路交通法の対面交通は、人と車双方の安全を保つ規定であり、歩行者道路や地下街など、車が入ってこない道路では「人は右」は適用されない。気ままに歩けば、人は左側に寄る――。そこにはどんな理由が秘められているのか。

心理学を専門とする加藤孝義氏（一九九七）が興味深い実験をしている。歩行者の片方だけに壁のある空間で、壁の存在が歩行者の心理にどんな影響を与えるか、を調べた。

壁から五〇センチメートル離れた位置に、この壁に沿って白線を引く。その白線上を歩く場合、壁が左右のどちらにあったほうが歩きにくいか。全員右利きの大学生三八人のうち二五人（六六％）が、壁は右側にあるほうが歩きにくい感じがする、と答えた。中には「右の壁が邪魔に感じた」「壁を左側に見て歩くほうが、それに沿って歩けるようで安定した感じがする」という報告もあった。

通行法に縛られず、自然な歩行が可能なアーケード街や地下街。どちらも両側に壁ならぬ商店が立ち並ぶ。こうした一種の〝歩行者天国〟では、右利きは利き手が自由に使えるよう本能的に左側の店に寄り添って歩いているのではないだろうか。

右往左往
コラム⑧

エスカレーターでの立ち位置

習慣の違いがさまざまに語られる日本の東西。その一つがエスカレーターの左右のどちらに立つのか——。東京は左立ちである。したがって、急ぎの人は空けてある右側を歩く。一方、大阪は右立ちで急ぎの人は左側を追い越していく。

なぜ、こうした違いが生まれたのだろう。まず大阪方式。一説に大阪人は右手に風呂敷包みを抱えているから、それが奪われないよう右立ちになったとか。あきんどの街にこじつけていて、これは怪しい。右利きにとっては、ベルトをつかむのに好都合ともいう。有力な説は、昭和四五年（一九七〇）、大阪府吹田市で開かれた日本万国博覧会をきっかけに導入されたというもの。各地から大勢の人たちが訪れるため、混乱を避けて阪急電鉄が梅田駅で「エスカレーターの左空け」をアナウンスした。パリやロンドンの例を参考にしたという。ヨーロッパをはじ

東京・六本木ヒルズのメトロハット　三基が並行し，きれいな左立ち

大阪市・近鉄難波駅（現・大阪難波駅）　地下鉄乗換口。三基とも東京と対照的な右立ち

奈良市・近鉄大和西大寺駅　右立ち

め多くの国が左空けであり、大阪方式は世界標準なのである。

　一方の東京。大阪より遅れて九〇年代に左立ちが定着した（読売新聞大阪本社、二〇〇三）。こちらは武士の習慣からきたという説がある。江戸時代の武士は刀を差していたため、左側を歩いていた。それを引き継いで左立ちになったという。が、大阪（大坂）＝商人、東京（江戸）＝武士というステレオタイプの解釈。駅の構内は左側通行が多いから自然に左立ちになった、という説に軍配をあげたい。

　右立ちは日本では少数派。大阪以外の地方にどの程度、分布を広げているのか、奈良市で観察した。近鉄の奈良駅および大和西大寺駅のエスカレーターは右立ちである。大阪の通勤圏という地理的な事情が反映しているのだろう。

　京都市内も見て回ったが、少々複雑だ。市営地下鉄の丸太町駅と烏丸《からすま》御池《おいけ》駅は左立ち。ところが、ＪＲ京都駅ビルや地下鉄京都駅では左立ちが目立つものの、右立ちもある。込み合ってくると、〝左右両立ち〟になることもしばしば。なんとも不思議な光景だが、なにしろ全国から観光客が集まる千年の古都の玄関口。左右混在・共存はそんな京都の性格を端的に表現し

京都市営地下鉄・烏丸御池駅
左立ち

京都市営地下鉄・京都駅
混雑すると左右に立つことも

ているともいえよう。

右立ちの東限はどこなのか。金沢市で観察した。中心部・香林坊のファッションビルにあるエスカレーターを見ていると、ほぼ東京風の左立ちだった。横田耕治氏（二〇〇四）によれば、都道府県庁所在地で左空け（右立ち）に統一されているのは大阪、神戸、奈良、和歌山の四か所だという。

東京をはじめ東日本の各都市はすべて左立ち、と思われがちだが、なんと仙台市営地下鉄の駅では右立ちだという。〝隔離分布〟が興味をそそり、地下鉄を運行している仙台市交通局に問い合わせてみた。

「交通局が利用者のみなさんに、右にお立ちください、という呼びかけをしたことは開業以来、一切ありません。しかし、観察するところでは、多くの利用客は自然に右側に立っておられるようです。でも、中にはまれに左側に立つ方もいらっしゃいます」

なぜ、右立ちが主流なのか、仙台市交通局にも分からないという。

広島市・広島バスセンター
広島市内はほぼ左立ち

福岡市・西鉄天神駅
整然とした左立ち

5 鉄道の通行法……各国事情

日本は自動車も鉄道も左側通行である。これに対して、ドイツはどちらも右側通行だ。では、道路と鉄道の通行区分はどの国も同じなのか、といえばそうとは限らない。たとえばスウェーデン。道路は右側通行だが、鉄道は左側通行だ。

紀行作家の宮脇俊三氏は数多くの鉄道旅行記を残している。作品を読むと、きめ細かい観察の中で通行区分にも注意を払っていたことがうかがえる。たとえば一九八五年、中国・北京から車中二泊で広州に向かったときのこと。夜明けの黄河を見るため、窓を開けた。コンパートメントには生温かい風が吹き込む。そして――

両側を見ようと、右の通路側の扉《とびら》も開ける。こちら側には上り線のレールがある。中国の道路は右側通行だが、鉄道は左側通行である。中国の最初の鉄道はイギリス人によって敷設されたので、自国の流儀を持ちこんだのであろう。

（『中国火車旅行』角川文庫、一九九一）

九五年には夫婦二人でスペイン・マドリードからフランスのマルセイユ方面へ周遊した。このと

	左側通行	右側通行
アジア	日本，中国，台湾，韓国，タイ，マレーシア，インド，スリランカ，バングラデシュ，パキスタン，イスラエル	フィリピン，インドネシア，イラン，トルコ，グルジア，カザフスタン，ウズベキスタン，アゼルバイジャン
大洋州	オーストラリア，ニュージーランド	
アフリカ	エジプト，チュニジア，アルジェリア，モロッコ，南アフリカ共和国	セネガル，コンゴ民主共和国
欧州	英国，アイルランド，フランス（一部に右側），ベルギー，スイス，イタリア，ポルトガル，スウェーデン，ルーマニア	ドイツ，オランダ，オーストリア，スペイン，デンマーク，フィンランド，ノルウエー，エストニア，ラトビア，リトアニア，ポーランド，チェコ，ハンガリー，スロベニア，クロアチア，ボスニア・ヘルツェゴビナ，ギリシャ，ブルガリア，ロシア，ウクライナ，ベラルーシ
アメリカ	アルゼンチン	米国，カナダ

海外鉄道技術協力協会編『最新　世界の鉄道』（ぎょうせい，2005年）をもとに作成。
道路通行はAIT/FIA(OTA)(国際自動車連盟情報センター）作成資料を参考にした。
下線の国・地域は道路の通行区分と不一致

き乗車した「カタラン・タルゴ」は広軌のスペインと標準軌のフランスを直通するために開発された列車。国境の小さな駅で停車し、一両ずつ車輪の間隔を狭める作業が行われた。

軌間一四三五ミリに転換した「カタラン・タルゴ」はポール・ボー駅を発車した。振り返ると、山と海の狭間にロマネスクの教会が見えた。そして、すぐトンネルに入る。ここからがフランス領である。

国境を境に、これまで右側通行だったのが左側通行に変った。フランスの道路は右側通行だが、鉄道は左側通行になっている。こうした事情の由来を知りたいとおもいつづけているけれど、まだ納得できる説明に接しられないでいる。（『ヨーロッパ鉄道紀行』日本交通公社出版事業局、一九九六）

鉄道の通行区分について体系的に論じられた

文献はないと聞く。宮脇氏の満たされぬ気持ちが伝わってくる。
世界各国の鉄道について複線区間の通行区分を前頁の表にまとめてみた。なお、同一国で混在している場合もあり、ここでは主要区間の走行線路を記す。また、下線を付した国・地域は道路の通行区分との不一致を示す。
各国の通行区分はどのような経緯で決まったのか、旧・交通博物館に尋ねてみた。

「馬車や鉄道馬車の時代を経て鉄道を開発した英国では、鉄道と道路交通は深い結びつきがあったと思われます。しかし、ほかの国では多くの場合、道路交通と鉄道は別々に発展してきたと言えるのではないでしょうか。
フランスやベルギーの鉄道は英国から技術を採り入れました。このため鉄道の通行区分は左になっています。ただし、フランスの場合、この区分は国内で完全に統一されているわけではなく、線区や会社などによって異なるようです。フランスのように左右両方の通行区分をもつ国はほかにもあります。また、欧米では複線を単線二本として扱い、線路を有効利用する例も少なくありません」

ヨーロッパの鉄道については菅建彦氏が、『交通新聞』（一九九〇年一〇月二九日付）に「鉄道の右側通行と左側通行」と題して寄稿している。通行区分の背景をこれほど広範に、しかも具体的に示した記述はほかに知らない。その中から抜粋してみよう。

鉄道が普及したころのドイツは、まだ統一を果たせず小国が割拠していたので、初期の鉄道は地方によって右側通行と左側通行に分かれていた。ドイツ帝国成立後の一八七五年にできた法令によって全国右側通行と決められたが、信号機の改造などに時間も金もかかり、ドイツ国鉄のほぼ全線が右側通行になったのは一八八八年のことである。

ドイツを中心に中欧、東欧がすべて右側通行なのは、道路交通に合わせるというだけでなく、大抵の場合右利きの機関助士（火夫）が左側にいた方が蒸気機関車の投炭焚火作業の具合が良く、必然的に機関士は右ということになったらしいが、確証はない。

ドイツとは逆にスイスの場合は、最初右側通行で始めたのに、あえて巨額の再投資をいとわず、一八九五年になってから左側通行に改めている。山岳線区の多い同国で、たまたま機関士が左にいた方が前方の見通しが良い線が多かったことによるものらしい。

フランスの鉄道の一部は右側通行である。菅氏はこの点についても前出の記事で興味深い歴史を紹介している。

フランス東部のアルザス、ロレーヌ地方の鉄道は、実は右側通行なのである。一八七〇年、普仏戦争に敗れたフランスからドイツに割譲された地方で、（中略）ドイツの法令により右側通行に改められたのである。

一九一八年、第一次世界大戦で勝者となったフランスはこの地方を取り戻したが、右側通行に改造された鉄道をなぜか元に戻さなかった。もともと内心では右側通行の合理性を信じていたからなのか、財政上の理由によるのか……

ときに戦争や版図の変転も通行区分に反映することを知る。歴史の軋《きし》みが聴こえてくるようだ。通行区分の違う国々を列車が走行する場合、国境付近で切り替えが必要になる。高橋揚一氏は『ヨーロッパの鉄道』（学陽書房、一九九八）で、次のような例を挙げている。

ベルギー東端の国境駅ベルケンレートからドイツ側の国境駅アーヘンへ抜ける途中では、上り線と下り線とが立体交差する場面がある。これは、ベルギー国鉄の複線が左側通行なのに対して、ドイツ国鉄が右側通行を採用しているためだ。

オランダ国鉄も右側通行だ。そこで、ベルギーとの間ではオランダのローゼンダール駅構内ですべての列車を平面交差させているという。苦心の国際列車運行ではある。

前掲の通行区分一覧を見ると、いくつかの国が「車は右、鉄道は左」だ。交通機関を乗り継ぐ旅人は戸惑うこともあるだろう。さらに、同じ鉄道でも通行区分の不一致が生じる。たとえば、こういう事例である。

フランスの一般の鉄道は左側通行なのだが、パリの地下鉄は右側通行なのである。というのも、もともと地上を走っていた馬車や路面電車を地下に埋めてつくるという発想であったからだ。だから、道路と同じ向きを走るのである。しかし、パリの地下鉄でもフランス国鉄に乗り入れている路線があり、これは国鉄に合わせて左側通行をしている。

（二村高史・宮田幸治『鉄道の疑問がわかる本』山海堂、二〇〇二年）

似通った例は韓国・ソウルの地下鉄にもみられる。一号線は左側通行だが、二号線以降は右側通行である。一号線は国鉄に乗り入れるため左側通行に、国鉄と連絡しない二号線以降は自動車と同じ右側通行になった。

なお、韓国の鉄道が左側通行になったのは、左側通行の日本の統治下で建設されたためである。台湾の左側通行も同様だという。鉄道の通行区分には、植民地支配の歴史も刻印されている。

6 陸蒸気から始まった左側通行

………日本の鉄道

明治二年（一八六九）一一月五日、東京の右大臣三条実美《さねとみ》邸に岩倉具視《ともみ》や大隈重信、伊藤博文ら政府高官が集まり、駐日英国公使ハリー・S・パークスと会談した。パークスが日本側に勧めてきた鉄道建設について、互いの意思を確認して政府の正式決定に持ち込むための最終打ち合わせだった。パークスは援助を約束し、その五日後、政府は鉄道建設を決定した（原田勝正、一九八三・一九八三・一九八四）。工事を指導したのは英国からきた技師エドモンド・モレル。機関車、客車・貨車、レール、石炭などの資材はすべて英国から輸入した。明治五年（一八七二）九月一二日（新暦一〇月一四日）、新橋・横浜間の鉄道が開業、陸蒸気《おかじょうき》が走り始めた。

では、左側通行はなぜ、いつ決まったのか。

日本の鉄道に初めて複線が現れたのは明治七年（一八七四）五月一一日。東海道線大阪―神戸間が開通した際、三ノ宮―神戸間が複線とされた。しかし、このとき左側通行が定まったわけではない。鉄道博物館（さいたま市）によると、鉄道開業当時から途中駅での列車交換（行き違い）はあったため、左側通行と決まっていたという。鉄道の黎明期、技術・車両を含めて英国のシステムをそっくり導入したため、通行区分もおのずから英国式の左側通行になった。

現在、通行法は国土交通省令「鉄道運転規則」で次のように規定されている。

第六五条　上下列車を区別して運転する一対の線路においては、列車は左側の線路により運転しなければならない。ただし、次に掲げる場合は、この限りでない。

一　停車場内を運転するとき。

二　退行運転をするとき。

三　工事列車、救援列車又は除雪列車を運転するとき。

四　施設又は車両の試験等のために運転するとき。

規則に見るとおり、駅構内は左側通行の原則から外されている。このため、列車交換の際、右側通行になることがある。また、単線二本が並走する場合は、右側通行をしているように見えることもある。

一方、軌道法に基づく路面電車の場合は、左記の国土交通省令「軌道運転規則」が適用される。

第五〇条　複線区間においては、車両は、左側の線路を運転しなければならない。

ところが、不思議なことに、かつては右側通行の路面電車が国内に存在していた。名古屋電気鉄道（愛知県）、三重交通神都《しんと》線（三重県）、呉電気鉄道（広島県）などである。

名古屋電気鉄道は明治三一年（一八九八）五月六日、広小路線（笹島—県庁前）で営業運転を開始した。後身にあたる名古屋鉄道の広報宣伝部は次のように答えてくれた。

三重交通神都線（1961 年） 中山分岐点・松尾間を右側通行。左の電車は下り内宮前行き，右は上り（写真提供：中野本一）

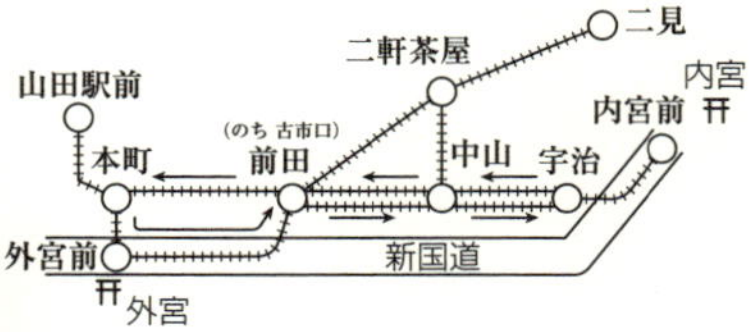

大正初期の伊勢電気鉄道（のち三重交通神都線）路線図（著者作図，原図：中野本一）

「市電写真集『名古屋を走って七七年』（名古屋市交通局、一九七四）で確かめました。明治時代の三七年ごろと三九年二月に撮った写真では、広小路通りを走る電車はポールの向きから見て明らかに右側通行です。おそらく開業時から右側通行だったと推測されます。ただし、その理由は不明です。また、いつから左側通行に変わったのか、それもはっきりしません」

三重交通神都線は伊勢神宮参拝の参宮電車として知られた。その歴史は明治三六年（一九〇三）、宮川電気の軌道敷設に始まる。明治四二年（一九〇九）、外宮の前に国道が開通、これが珍しい右側通行の契機となった。三重交通神都線の元乗務員で伊勢市在住の中野本一氏が事情をこう語る。

「社名を変更した伊勢電気鉄道が同年、従来の単線の南側にあたる新道上に軌道を敷設して本町—前田間を複線化、外宮前に停留所を設けました。伊勢参りの順序は外宮から内宮に向かうのが正式です。そこで電鉄は参拝客の利便を図って、新線を参宮鉄道山田駅前から本町、外宮前、前田を経て内宮方面に向かう下りとし、三〇〇メートル余り離れている従来の路線は山田駅前に戻る上りとしました。その結果、変則的な右側通行が誕

呉の路面電車　開業日の明治 42 年 10 月 31 日，二河橋東詰の車庫から電車が出てくる。右側通行である（写真提供・福田全伸）

生したのです。前田から内宮近くの宇治までの複線区間もこのとき左側通行から右側通行に切り替えました。その後、三重交通神都線に引き継がれた右側通行は、廃線となる昭和三六年（一九六一）まで続きました」

呉の市内電車（呉市電）が右側通行で走り始めたのは明治四二年（一九〇九）。呉電気鉄道により西本通三丁目—本通九丁目間の二・二キロメートルが開通した。その後、海軍基地の拡張に伴って人口が急増、路線が延長されていく。昭和四二年（一九六七）に廃止されるまで乗客延べ約三億人を運んだ。

大正九年（一九二〇）公布の「道路取締令」で「人も車も左」が定められ、翌年一二月実施。広島県は呉警察署を通じて電車の左側通行への転換を要請する。これに対して広島電気（呉電気鉄道の後身）は「通行人の後ろから電車が走るとかえって危ないし、軌道を改修する必要があり、すぐにはできない」といって突っぱねる。そのうち軍隊が右側通行から左側通行に改めた。また、警察官も総出で赤い旗を振り左側通行を大宣伝、一般市民も左側通行を励行するようになり、電車だけが取り残された。ついに県はいつまでも放っておけぬと施工を厳命。会社は大正一二年（一九二三）一二月に着工し、費用一万五千円をかけて全線を改修。翌年二月一日、左側通行に切り換えた。それでも会社は負け惜しみを忘れない。「右側通行なら、通行人と逆行でぶつからない。従来、事故が少なかったのはこのためだ」（中国日報社『大呉市民史・大正篇（上）』一九五三、呉市交通局『呉市交通史』一九五五、呉市史編さん委員会『呉市史第四巻』

呉市、一九七六)

なぜ、路面電車には例外的な右側通行が認められていたのか。旧・交通博物館はこう指摘した。

「明治四二年現行の『鉄道法規類抄』を見ると、鉄道に関しては鉄道運転規程により左側通行が定められています。しかし、路面電車に関する『軌道条例取扱方心得』には特に進行方向が定められていません。このことから『道路取締令』で左側通行が全国的に統一されるまでは、軌道の規制が鉄道よりも緩やかだったと考えられます」

鉄道の運転席の左右はどうだろう。左側通行なら左側に、右側通行なら右側にあるのが一般的だ。これは自動車の通行法に伴う運転席とは逆である。その理由としては、①電車がすれ違う際、運転席が対向車両に近い位置にあると目が疲れやすいから、②車線を変更して追い越しをすることがないので、反対車線を注意する必要もないから、③信号機や標識などが、左側通行の国では線路の左側に、右側通行の国では右側に設けてあり、運転士が安全を確認しやすいよう席を置いたから——などが挙げられる。

日本の鉄道は左側通行、ならば地下鉄の運転席もすべて左側

仙台市営地下鉄。運転席が右側にある

広島市の新交通システム・アストラムライン。ワンマン運転で運転席は右側。これは全21駅が島式ホームであり，運転士がホーム先端にあるモニターテレビで乗降客の安全を確認するため

にくるはずだ。ところが、仙台市営地下鉄は右側に運転席を設けている。ホームがすべて島式（上下線が両側からホームを挟《はさ》むタイプ）で、仙台市交通局によると、当初の計画では電車のドアを閉める前の安全確認は、ワンマン運行の運転士が窓から顔を出して後方を見ることにしていた。そのため、運転席をホーム寄りの右側に設けた。しかし、試運転で運転席にある乗降監視用のモニターテレビのほうが目視よりも安全に見届けやすいことが分かり、開業時からドアを閉じる操作はモニターで確認して行っている。*

鉄道・軌道に関する左右を腑分けしていくと、合理性追求の姿勢とは別の、人間臭さも垣間見る。

*東京、大阪の地下鉄についても、車両の運転席の左右を尋ねた（データは二〇〇八年一二月末時点）。

東京メトロは「路線、ホームの形式にかかわらず、すべて左側に運転席を設けています」。

東京都営地下鉄は浅草線、三田線、新宿線の各車両については運転席を進行方向左側に設置している。これは通常、国内の鉄道車両で運転席が左側に設置されていること、他社線と相互直通乗り入れを行っていることなどによる。一方、大江戸線の車両は運転席を右側に設けている。その理由を東京都交通局はこう説明する。「ワンマン運転であり、かつ、全三八駅のうち三七駅のホームが島式です。安全確認は運転席のモニターで行っていますが、状況によっては目視する場合も想定して、駅停車時にドアが開く側である進行方向右側に運転席を設置しました」

大阪市営地下鉄も「運転席は左側」を標準としているが、例外が長堀鶴見緑地線と今里筋線。大阪市交通局は「二つの路線は今里筋線関目《せきめ》成育《せいいく》駅を除く全駅のホームが島式であり、またワンマン運転を実施していることから、運転士がホームの状況を確認しやすいように運転席を右側に設置しています」という。

7　船と飛行機

船尾から見て船の左側を左舷、右側を右舷という。英語では左舷をポート（port）、右舷をスターボード（starboard）と呼ぶ*。まずは、その語源から紐解いてみる。

スターボードはスティアボード（steer＝舵《かじ》を取る、board＝板・舷）の転訛だという。現在、船の舵は船尾中央にあるが、かつては船尾寄りの舷側に幅の広いオールまたは板を取り付けた側面舵（サイドラダー）が使われていた。この側面舵はバイキングシップをはじめとして、右舷に設けられることが多かった。

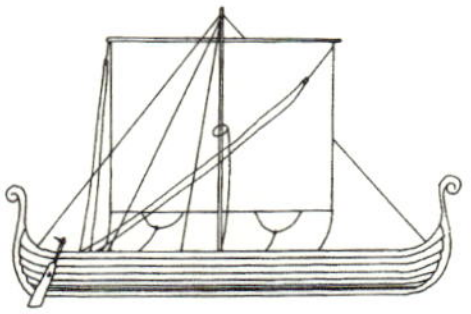

バイキングシップ　船尾寄りの右舷側に舵がある（杉浦昭典『海の慣習と伝説』舵社, 1983, 105頁より）

そこで右舷を、操舵する舷＝スティアボードと称した。当然、船長は右舷側にいるし、船ではいまも右舷側が上席とされる（大阪商船三井船舶『海と船のいろいろ　二訂版』成山堂書店、一九九六）。

舵が船尾中央に変わるのは一三世紀末のこと。上野喜一郎氏（一九八〇）は「舵が片舷だけでは、風を右舷から受けて船が左舷へ傾斜すると、舵は役立たなくなる」という。そのため、舵を船尾の船体中心線上に置くことが考え出された。発祥地は明らかではないが、ドイツやオランダで始まったといわれている。

船を着岸させるには、舵は邪魔。右舷に側面舵が取り付けられていると、着岸は左舷側になる。荷役も左舷で行われた。左舷は港側になることから、ポート（port）と呼ばれる。また、荷を積む側の舷なので lade board、転訛してラーボード（larboard）ともいった。スターボードやポート、ラーボードは操舵号令にも使用されたが、スターボードとラーボードは紛らわしい。聞き間違いによる舵取りのミスで事故が多発した。そこで一九世紀半ばにラーボードの使用が禁止され、操舵号令はポートとスターボードになった（大阪商船三井船舶、前掲書）。

飛行機の乗降は左側ドアを使用する。これは、左舷を着岸舷とする船の習慣に由来する。飛行機は船のあとに現れた、いわば〝空の客船〟だからだ。機長をキャプテン、乗務員をクルーなどと、船舶用語が飛行機に使われているのも後発の乗り物であることを示す。

船が航行する場合の規則は、「一九七二年の海上における衝突の予防のための国際規則に関する条約」で定められている。条約では、二隻の動力船が横切り関係で行き合う場合、他船を右舷側に見る船が避けることとされている。その理由について杉浦昭典氏（一九八三）は「操船者が、大抵、船橋操舵室の中央より右舷寄りに立つという、伝統的慣習にかかわりがあ

左舷接岸の高速船。呉中央桟橋（広島県）

左側から乗り込む飛行機。中国広州空港

るのかも知れない」という。相手の船は右舷側から確認しやすいのである。すると、この避航の定めは右舷側に側面舵があった時代の名残といえるだろう。

なお、避けるときは、相手の船尾方向に進路を変えるのが原則で、二隻の船は左舷対左舷ですれ違う。つまり、右側通行となる。狭い水道を航行するときも右側を通るのが原則だ（大阪商船三井船舶、前掲書）。

ところが、右側通行という航海の常識を覆《くつがえ》す航路がある。瀬戸内海随一の難所、来島《くるしま》海峡だ。最大一〇ノット（時速約一八キロメートル）の潮流と狭く屈曲する航路。そこを一日約八〇〇隻の船舶が行き交う。安全航行のため考案されたのが、潮流の向きによって航路を変えるというものだ。海上交通安全法第二〇条には「順潮の場合は来島海峡中水道を、逆潮の場合は来島海峡西水道を航行すること」とある。これを「順中逆西《じゅんちゅうぎゃくせい》」と呼ぶ。

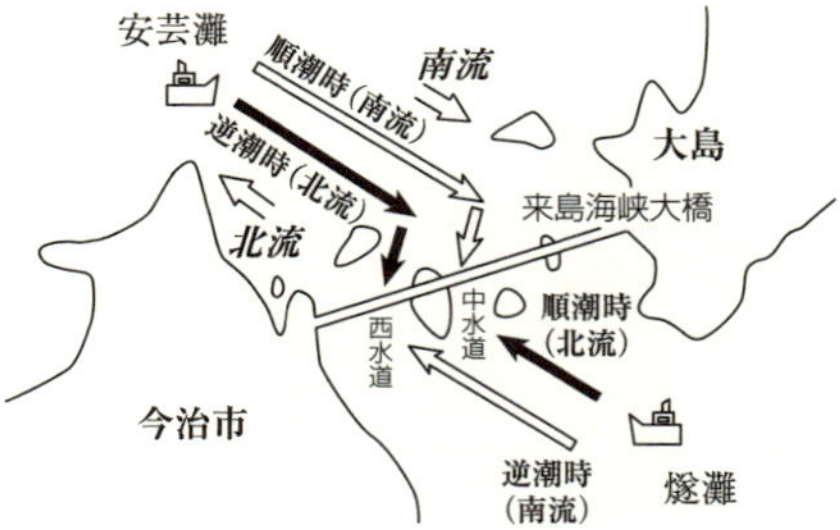

順中逆西の航法（来島海峡）
（第六管区海上保安本部の資料をもとに作成）

　順潮は潮流に乗って、逆潮は潮流に逆らって航行することをいう。航路は今治側から西水道、中水道の二つ。船は潮に逆らうほうが舵を切りやすい。そこで、舵の利きにくい順潮の場合は屈曲の小さい中水道を進み、逆潮の場合は大きくZ字に曲がる西水道を航行する。来島海峡では、満ち潮のときは松山沖の安芸灘から南に向かって潮が流れ込み（南流）、引き潮のときは今治沖の燧《ひうち》灘から北に向かって潮が流れる（北流）。したがって、北流時は通常の右側通行だが、南流時は左側通行となる。切り替えは一日四回である。このため、来島海峡の要所には潮流信号所が設けられ、船舶に潮流の向きや流速などを知らせている。

順中逆西はすでに明治から大正時代にかけて、地元の航法として普及していた。それが、昭和四年(一九二九)、「内海水道航行規則」制定の際、初めて次のように成文化された。

第六条　船ハ来島海峡ニ於テハ左ノ航法ニ依ルベシ

一　中水道ハ順潮ノ場合ニ限リ又西水道ハ逆潮ノ場合ニ限リ通航スルコト

海に生きた父祖の知恵が、世界唯一の変則航法として脈々と引き継がれている。

＊右舷・左舷に由来する英語がある。"posh"で、「富裕な、優雅な」という意。一九世紀、英国のP&O(ペニンシュラ・アンド・オリエント)汽船会社の航路の話で、欧州とインドを結ぶ汽船がインド洋を航行する際、往路は右舷、復路は左舷が日差しに照らされて暑かった。そこで、比較的しのぎやすい反対側の舷、つまり往路は左舷、復路は右舷の船室から割増料金をとった。一等の乗船券にはP・O・S・H(Port Out Starboard Home)と印刷されていて、posh の語源となったという。

第五章◉左右の優劣――日本編

1 左上位と右上位

　第二章で、桃の節句に飾る内裏雛の並べ方を記した。現在は男雛を向かって左に、女雛を向かって右に並べるのが一般的だ。ところが、江戸時代にさかのぼって雛人形が描かれた図を見ると、現代と同じ並べ方もあるが、通常は男雛を向かって右に置いていたようだ。女雛からすれば男雛は左側に並ぶ。この配置には古代から続く「左上位」の思想が反映している*。

　明治時代を迎えて右を上位とするヨーロッパの習慣が日本に持ち込まれ、天皇は皇后の右、つまり向かって左に並ばれる。そして昭和に入り、東京の雛人形業界が両陛下の左右にならって、男雛を女雛の右側に置くようになった。

　婚礼でも同様の逆転現象があった。江戸末期の『女重宝記』（一八四七年）には町人の婚礼の様子が描かれている。当時は人前結婚で花婿は向かって右に、花嫁は左に座っている。現代の結婚披露宴では新郎は向かって左に、新婦は右に座る。時代考証家の林美一氏（一九七七）によると、婚礼が西洋式の並び方になったのは大正一三年（一九二四）、昭和天皇のご成婚式のときに宮内庁で定めたのが最初で、それに民間もならったのだという。そこでドラマでは、江戸時代だけでなく明治・大正時代を舞台にした

現代の結婚披露宴。新郎は向かって左，新婦は向かって右

江戸時代の婚礼。花婿は向かって右，花嫁は向かって左に座った（「絵入日用女重宝記」京都府立大学文学部文学科蔵，『重宝記資料集成　第十巻』臨川書店，2006，173頁より）

場合も、和風の結婚式のシーンは注意が必要だと指摘する。

ちなみに明治時代に始まり、第二次世界大戦後に一般化する神前結婚では披露宴とは逆に、新郎側が右に、新婦側は左に座る。これは神様から見て左（向かって右）が上位という考え方をもとに決められている。

日本で古来、左を上位としてきたのは、南に面したとき日の昇る東方が左手にくるからだという。一方、近代に入ってきた右上位の考え方はヨーロッパで古くから右を正、左を邪とみなす習俗に基づく。ただし、男性が女性の右に並ぶ洋風の作法については「右上位説」のほか、騎士道華やかなりし中世ヨーロッパの風習に由来するという説がある。ナイト（騎士）はかよわき女性を守ることで品位を保つ。そのため女性を左手で抱え、右手で剣を握って戦った。そこから男性を向かって左、女性を向かって右とする慣習が定着したというのである。

今日、右上位はさまざまな場面で見られる。ことにプロトコール（外交などの国際儀礼）でたびたび目にする。外務省外務報道官編『国際儀礼に関する12章　改訂版』（世界の動き社、一九九二）の内容を中心に具体的な事例を見ていく。

たとえば自国と他国の二本の国旗を掲揚する場合。国旗は原則として自国旗に最優先権が与えられているが、日本では外国に敬意を表して、外国国旗をポールまたは壁に向かって左側、すなわち日の丸から見て上位の右に掲げる。ただし、中には自国旗優先主義を貫く国もある。国旗を交差させる場合も向かって左側に外国旗、右側に日の丸という位置関係は変わらない。ただし、交差部分は外国旗のポールが上になるようにする。

表彰台。２位は向かって左，３位は右（1998 年，広島スタジアム）

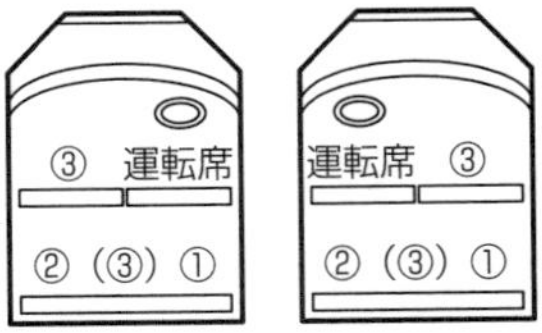

乗用車の席次～職業運転手の場合～（外務省外務報道官編『国際儀礼に関する 12 章改訂版』世界の動き社，1992，50 頁をもとに作成）

二国間会議で両国の出席者が対面して座る場合、テーブルの両側中央の席が首脳で、首脳の右側が次席、左側が三席、次席の右が四席、三席の左が五席という順になる。国のトップ同士の対談をテレビで見ていても、来訪の賓客は向かって左に座っている。国旗の組み合わせと同様で、外国の要人に対する敬意の表れだろう。

では、乗用車に乗るときのルールはどうか。国際慣例では、運転席の左右を問わず、後部座席の右側が最上位とされている。第二位は後部座席の左側、第三位は後部座席の中央、第四位は前部の助手席となる。これは運転者が職業運転手の場合である。オーナードライバーの場合は運転者の立場を考慮して隣の助手席が第一位となり、第二位は後部座席の右側、第三位は後部座席の左側という順である。

エレベーター内にも上下関係がある。上位の場所は、入って左側の奥隅、つまり内部から見て右隅とされている。右上位の原則はこんなところにも見てとれる。

スポーツ選手の表彰台は一位を真ん中にして、二位は向かって左に、三位は向かって右に設けている。中央の一位から見れば右手に二位がくる。左手の三位より上位であることを左右の位置関係で示しているのだろう。洋風の右上位のしきたりは、いまや細部にまで及んでいる。

＊古代日本は尚左（左を尊ぶ）だったとされるが、他方で中国・漢代生まれの尚右の言葉も流入して使われていた（第六章四節参照）。『日本書紀』継体天皇二一年の条には、天皇が磐井の乱を鎮圧するため「誰か適任者がいるか」と問うたところ、皆が、正直で勇に富み兵事に精通しているのは「今麁鹿火《あらかひ》が右に出《い》づるひと無し」と答えた、とある。出典は『史記』田叔《でんしゅく》列伝の「其の右に出づる者なし」。このほか、山内昶氏（二〇〇〇）は『続日本紀』にも「左道」「左降」「左遷」の語が使われている点を挙げ、明らかに左卑の観念が現れていて「律令体制下でも尚左と尚右の思想が混在していた」とみる。

2 上手・下手

わたしは生来、口下手である。お上手も言えない。だからといって「じょうず・へた」を取り上げるわけではない。題目は「かみて・しもて」である。

左遷や左前に対して、右腕、右に出るものがない、右へならえ……。言葉の上では右に分《ぶ》がある。ところがどっこい、左上位は脈々と生きている。

劇場では客席から舞台に向かって右を上手《かみて》、左を下手《しもて》と呼ぶ。しかし、この用語は本来、歌舞伎の舞台で芝居を演じる役者、ならびに役者を動かす狂言作者の必要性から生まれたもの。上下の優劣の記号を共有してきたのが観客、というわけである。そこで、歌舞伎の歴史に詳しい服部幸雄氏は『大いなる小屋』（平凡社、一九八六）で次のように定義する。

旧金毘羅大芝居（金丸座《かなまるざ》）（香川県琴平町）
天保6年（1835）創建。現存最古の歌舞伎劇場

上手＝舞台上で客席に向かって左手の方角を言う。同じく右手の方角が下手である。これを現代の様式の劇場で客席から見る時は、左右が逆となり、向かって右手の方角が上手、左手の方角が下手となる。

上手・下手はテレビ局でも使用する。スタジオでカメラから出演者のほうを見て、向かって右が上手、左が下手。スタッフの打ち合わせで頻繁に出てくる、イロハの言葉である。対談番組ではゲストは聞き手から見て上位の左、つまり向かって右の上手に座るのが原則である。逆のパターンも散見されるが、ゲストを見下ろしているようで、どうも落ち着かない。

では、テレビ番組を進行する男女キャスターの位置関係はどうなっているのか、気になって調べたことがある。NHK総合と民放四局のそれぞれ全国ネットにしぼり、早朝のワイド番組、朝ワイド、正午前後の昼ニュース、それに夜七時前後のニュースを片っ端から見ていった。合わせて二〇例について、座っているか、立っているかで分けた上、男女の左右をチェックした。

座り……12 例	男 1 人……1 例
	女 1 人……1 例
	男 1 人，女 1 人のペア……10 例 （うち，男が上手は 7 例，女が上手は 3 例）
立ち……8 例	男 1 人……1 例
	男 1 人，女 1 人のペア……7 例 （うち，男が上手は 4 例，女が上手は 3 例）

（調査・1997 年 9 月 23 日）

もちろん、ニュースの中身はそっちのけである。

表に示したように座りの場合は男の上手（向かって右）が際立つ。その昔の内裏雛を思わせる並び方である。表向き〝男を立てて〟いるのだろうか。一方、女性の上手を観察すると、おおむねサブが若い男性、メーンが年上の女性という、「姉さん女房」の組み合わせであった。上下を決めるモノサシが性別だけでなく、年齢やキャリアも加味されている点で注目される。

では、立ちの姿勢だとどうか。上手は男女が拮抗《きっこう》していて両者譲らずの様相。「男は向かって右の上手」という旧来の観念は薄れている。ヨーロッパ渡来の「男は向かって左」という考えが混じり合って、男女の位置関係は揺らいでいるようにみえる。座りは古風に傾き、立ちは洋風になびくのだろうか*。別の見方をすると、座りの姿勢から立ち上がることで、これまでの上手・下手の呪縛から解き放たれ、男女の位置決めは自在になったとも考えられる。

落語の世界では上手・下手の約束事がきちんと守られている。一人の話芸だから、咄家《はなしか》は何人もの役割を演じなければいけない。顔を右に左に、と向けながら、異なる人物を描いていく。これを「上下《かみしも》をつける」「上下を切る」などという。

江戸猿若町・市村座跡の碑（東京都台東区浅草）。猿若三座の一つ

顔の向きには原則がある。たとえば大家が店子に話すとき、咄家の顔は客から見て左向きになる。これは上手から下手へ向かって話すという意味で、上下関係を顔の向きひとつで表現している。逆に店子が大家に話しかけるとき、咄家は向かって右を向く。高座を見つめる客は「上下」を読みとって地位や身分の違いを知る。

こうした上手・下手を芸能で使い始めたのは江戸時代の歌舞伎や人形浄瑠璃である。お上《かみ》と下々《しもじも》に象徴される厳格な身分制度のもと、それぞれに相応の行動が求められ、それは当然、舞台にも反映された。侍は上手で町人は下手、主人は上手で番頭は下手……。登場人物の身分・地位の上下により、舞台の役者は左を上《かみ》、右を下《しも》として位置（居どころ）を考えながら演じた。服部氏（一九八六）はいう。

「芝居の進展につれて、刻々と変化しつづける複雑な人間同士の上下関係を自由に表現し、観客に納得してもらうためにも、上手・下手の概念は必要であり、実に有効であった」

それにしてもなぜ、「舞台から見て左手」が上手なのか。服部氏（一九八六）の分析を踏まえて記す。

座り……8例	男1人……1例
	女1人……0例
	男1人，女1人……7例 （うち，男上手は6例，女上手は1例）
立ち……12例	男1人……4例
	女1人……1例
	男1人，女1人……7例 （うち，男上手は2例，女上手は5例）

（調査・2008年10月31日）

江戸には江戸三座といって大劇場が三つあった。このうち比較的規模の小さい森田座（木挽《こびき》町）は西向きだったが、規模の大きい中村座（堺町）と市村座（葺屋《ふきや》町）の両座は通りの北側に立ち、南に面していた。すると舞台に立つ役者にとって左の方角は東にあたる。そこで、日の昇る東は日の没する西よりも尊いとする太陽信仰から、左を上位とし、上手と称した。幕末には三座は浅草猿若町に移転、いずれも東向きに建てられた。舞台の上手は北、下手は南になったが、江戸歌舞伎の「上手＝左＝東＝上位」の観念は劇場の方角とは無関係に定着し、上手・下手は演劇用語として広まっていく。さらにテレビの世界にまで及んだ。

世の動きに敏感なセンサーを働かせているテレビ番組のディレクターも、江戸の記憶のかけら、上手・下手という名の尾てい骨を抱えて日夜、勤《いそ》しむ。

＊テレビ番組・男女キャスターの位置関係については、二〇〇八年に同じ局・

時間帯で再調査。その結果は表のとおり。

一一年前に比べて、数の上では「立ち」が「座り」を逆転した。座りの「男は上手」は変わらない。立ちでは「上手は女」という傾向が顕著になった。「立つ」＝洋式の並び方、という図式である。ただし、上手の女性は男性よりも年上と思われる場合が多く、キャリアへの配慮から上手にしている可能性はある。

3 しめ縄の謎

わたしたちは折にふれては「苦しいときの神頼み」とばかりに神社で願を掛ける。また、正月には一家こぞって初詣でをして、拝殿前で一心に手を合わせる。こうした神社参拝の際、社殿に掛けられているしめ縄の形状に目をとめてみたい。

しめ縄の両端には太さの違いが見られる。太いほうが「綯《な》いはじめ」で元《もと》といい、細いほうは「綯いじまい」で末《すえ》という。では社殿に向かって、しめ縄の左右のどちらが太いのだろう。通常は、太いほうの元が向かって右にくるようにしめ縄を張っているはずだ。

なぜか？　一説に神社の建て方が挙げられている。

神社は原則として南面して立つという。*1 その理由について神社本庁教学研究所調査室は次のような考え方を示す。

「君主は南面するという古代中国の思想に根拠を置く説が有力です。一方で、日本の気候風土からみて建物は南面させるのが自然にかなっているという説もあります。『続日本紀』天平一三年

（七四二）の記述では、都造りの基準を『東を以って左京となし、西を以って右京となす』と定めています。[*2] これは天皇の着座される内裏正殿《だいりせいでん》が南面して建てられることから定められた事柄であり、神社の南面も正殿の建て方を踏襲したものと思われます」

一方、宗教思想に詳しい山折哲雄氏（一九九一）は、平城京や平安京の都市プランが中国の影響で天子南面の原則を適用された、としたうえで、「それに応じて平城京や平安京の寺社が全部南向きに強制

【向かって左が綯いはじめ】

厳島神社本社
（広島県廿日市市）

出雲大社拝殿（御仮殿）
（島根県出雲市）

出雲大社本殿と，左に摂社
筑紫社（島根県出雲市）

大神《おおみわ》神社拝殿
（奈良県桜井市）

【向かって右が綯いはじめ】

住吉大社（大阪市住吉区）
の第四本宮。第一～第四本
宮のしめ縄はすべて向かっ
て右が綯いはじめ

八坂神社（京都市東山区）

櫛田神社（福岡市博多区）

的に変えさせられている」と指摘（傍点は著者による）。たとえば、現在は南面する春日大社も、もともと西に面していたという。

さて、南面したとき左は日の昇る東にあたる。そこで日本では、左を右よりも尊んできた。社殿に鎮座する神様から見た場合も左が上位となる。社殿に向かうと右が上位である。*3

この「左尊右卑」の思想がしめ縄の張り方を文字どおり左右する。上位の左（社殿に向かって右）に「綯いはじめ」の元が、下位の右（社殿に向かって左）には「綯いじまい」の末がくるように掛ける。

ところが、そこは、しめ縄のこと、一筋縄では行かない。「綯いはじめ」を通常とは逆の、向かって左にしている神社を時に見かける。

たとえば島根県出雲市・出雲大社や広島県宮島・厳島神社本社、奈良県桜井市・大神《おおみわ》神社である。その理由を尋ねてみた。まず厳島神社である。社務所宣揚課が答えてくれた。

「本殿から拝殿の方向に向かって左を左側《さそく》、右を右側《うそく》、社殿中央を正中《せいちゅう》といいます。正中が最上位です。厳島神社本社本殿では三柱の女神のうち主祭神の市杵島姫命《いちきしまひめのみこと》が右側、つまり向かって左に鎮座されています。そこで最上位は正中からずれて右側と考え、しめ縄の綯いはじめ（元）も右側、つまり社殿に向かって左にしています」

なお、本殿の左右が非対称で向かって左側のほうが横に長いため正中が左にずれて、しめ縄の綯いはじめも向かって左にしているとする説もある。

出雲大社の社務所からはこんな答えが返ってきた。

「通常、しめ縄は上位にあたる場所に綯いはじめをもってくるのが作法とされています。神社では社殿に向かって右側が上位になるとされているため、綯いはじめも向かって右にきているわけです。しかし、古伝によって、上位と下位を逆に考えていた場合はしめ縄の向きも逆になるのではないでしょうか。出雲大社では向かって左を上位と考えていた時期があり、そこから、しめ縄が逆になったのかもしれません」

また、出雲大社の元宮司・千家《せんげ》尊統《たかむね》氏は『出雲大社』（学生社、一九六八）で次のような背景を挙げている。

❖摂社の上下関係……南面する本殿の瑞垣《みずがき》内には東に二社、西に一社の摂社がある。このうち西、つまり本殿に向かって左にある筑紫社《つくしのやしろ》が大社の古記録で常に最上位に置かれている。
❖神饌の左右……社家の記録によると、本殿内に神饌を奉る順序は向かって左を上位としている。
❖本殿の神々の位置……祭神大国主神は西面、その御神座の前方には御客座が南面し、五柱の天つ神を祀る。中でも『古事記』の冒頭に出る天之御中主神《あめのみなかぬしのかみ》が西端、つまり向かってもっとも左に配されている（一部、著者補足）。

以上の理由から、出雲大社は一般の神社と正反対の、向かって左を上位としてきた。そして、しめ縄の綯いはじめも上位である向かって左におくことになった、と千家氏は指摘した。

大神神社は前の二社とは事情が異なる。上位は通常と同じ、向かって右なのである。社務所は次のように説明する。

「しめ縄を、神様の恵みとして稔《みの》る稲穂に見立てています。つまり、太いほうを稲の茎の部分、細いほうを穂に見立てて、穂の側を上位とする考え方に基づき、穂を向かって右（上位）にくるように飾る、と言い伝えられています。ただ、文献としては不明です」

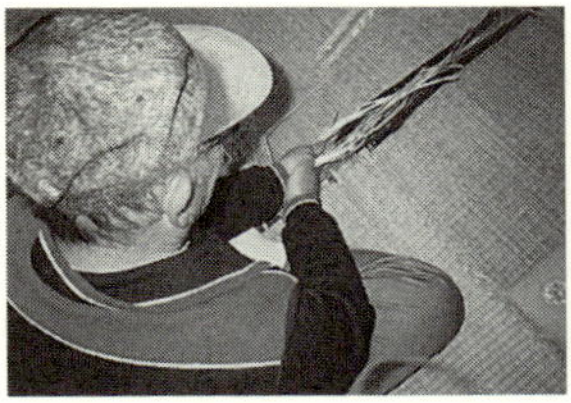

左縄づくり（左綯い）。右手を手前に引きながら綯う

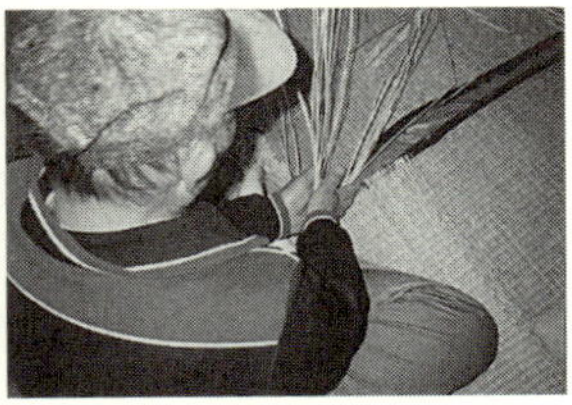

右縄づくり（右綯い）。右手を前方に押して綯う

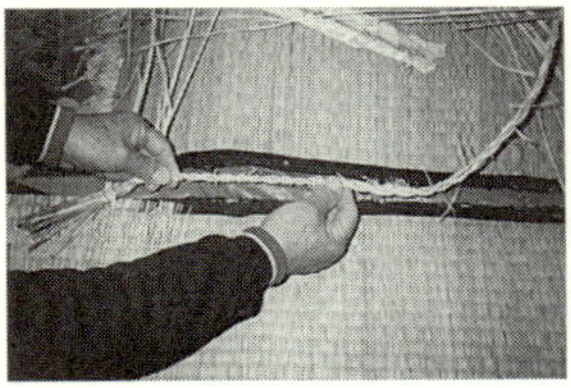

できあがった左縄（  ）

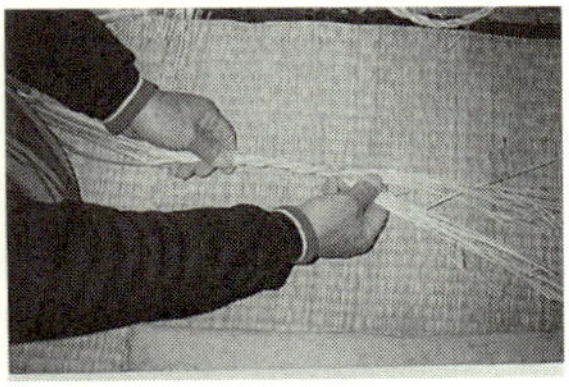

できあがった右縄（  ）

しめ縄は両端の太さの違いだけで、上位・下位と単純に割り切れないことを知る。逆パターンにはそれぞれの神社固有の事情が秘められている。

縄づくりは手順の違いで右綯い（右縄）と左綯い（左縄）に分けられる。右縄は両手の親指と人さし指の間に藁《わら》を数本ずつ挟《はさ》み、両手を合わせて右手を前方に押し出しながら綯うもので、モノをしばる縄など日用品に使われている。左縄は右縄とは逆に右手を手前に引くようにして綯う。そのため仕上がったときの巻く方向も逆になる。この左縄がしめ縄に使われる。

しめ縄の「しめ」は神様が占めること、俗界とは異なる聖域を一本の縄が示す。つまり、左縄は聖俗の境を明示する結界標識。一方、右縄は世俗に属するといえる。

『日本書記』には天照大神《あまてらすおおみかみ》を手力雄神《たちからおのかみ》が天岩戸《あまのいわと》から引き出し、中臣神《なかとみのかみ》と忌部神《いんべのかみ》が端出之縄《しりくめなわ》（左縄で端を切らずに出したまま。しめ縄のこと）を張って、「もう内へ戻らないでください」と懇願したという記述がある。左縄が古代から立ち入り禁止の標識だったことを物語る。

右縄を使って菰《こも》をしばる

正月のしめ飾りは左縄

斎藤たま氏は『生とものけ』（新宿書房、一九八五）で、産室にしめ縄を張る沖縄の習わしを取り上げ、「生れたとなったら直ちに左綯《な》いの、正月にも使うと同じしめ縄を綯い、産室や家のぐるりに張りめぐらす」と記す。そして、与那城《よなぐすく》村西原では「部屋の入口やら窓にひじゃいのーんな（左綯縄）を張り、その上に漁に使う網をかけたりし、……」「名護市汀間《ていま》でも、生れてすぐにひじゃいじな（左縄）綯《の》うて産室内に張る」。

いずれも、縄の左綯いを強調している点が注目される。産室のしめ縄も結界だが、魂の不安定な新生児を魔物から守るものだろう。

韓国でも右縄・左縄を使い分けている。「右縄綯いの技術は、日本と同様、ほとんどのワラ工品に用いられる基本的技術」だという（宮崎清、一九八五）。一方、左縄はどうか。秋道智彌氏（一九九五）によれば、朝鮮半島にはクムジュル（禁縄）、あるいはウェンセキ（左縄）と称する左巻きのしめ縄があるという。出産後、家の戸口や玄関に掛けたり、祭りのとき神木に張りめぐらしたりする。クムジュルには木炭をつけ、男の子であればトウガラシをさげたりする。これは邪霊の侵入を防ぐ呪術だ。出産習俗の左縄は沖縄と朝鮮半島を結びつける。

稲作と高床式住居を共有し伝承してきた民族を「倭族」という概念でとらえている鳥越憲三郎氏（二〇〇〇）は「わが国のみでなく倭族に属する民族は、現在でも祭儀に用いる縄は、日常のものと異なりすべて左綯いにする」と述べ、西は雲南省奥地から東はインドネシア東端のスラウェシ島に至るまで、その習わしが見られるという。そして「それは倭族が左を尊ぶ思想にもとづく」と言い切る。

しめ縄に思いをめぐらすうちに、左縄のグラウンドは途方もなく広がってきた。*4 左綯いの思想と技術はいつ、どこで呱々《ここ》の声をあげたのか。時空を超えた視野が求められる。

＊1　神社が向く方位については、立地や祭神の伝承などにより必ずしも南面しているわけではない、と神社本庁はいう。また、広島大学大学院・三浦正幸教授（日本建築史）は「山のない平地の神社は天子南面思想の影響で南に向いて立つが、神様は原則的に山を背にして鎮座。つまり、人家を見下ろす小高い山すそに神社はある。このため、全国あらゆる神社の向きを調べれば、東西南北はほぼ均等になるはず」と話す。また、寺院については、「基本的には天子南面思想に基づき、南に面して立つ。しかし、浄土宗や浄土真宗の寺では、西方浄土で教えを説く阿弥陀如来を本尊とすることから、本堂は西側に配置され東面する」という。

＊2　聖武天皇が都を平城京から恭仁《くに》京にうつしたときの記事。原文は「賀世山西路以東為左京、以西為右京」。

＊3　神道の左上位については、太陽信仰に基づくというよりも、中国の左上位思想の影響ではないか、とみる研究者もいる。

＊4　右利きにとって、右手を手前に引く左綯いは、右綯いに比べて難しいという。だからこそ、神聖な場

所を示すしめ縄に左綯いを使うとする見方がある。小林達雄氏（二〇〇八）によると、縄文土器は縄目文様から右撚《よ》りの紐を採用した様式が優勢で、右撚りは右利きの手の運動と関係する可能性が高いという。「右利きは右の掌《てのひら》を左の掌の上に重ねて撚りをかけながら前方に押しながら綯い進む当然の帰結である」。そのなかで中期勝坂《かつざか》式土器は撚りにくい左撚りへの執着が強く、特別な意味を持たせていたと述べる。現在の民俗事例に見る、しめ縄などの左縄・左綯いにも左撚りに対する特別な観念があり、「それらのいくつかは縄文にルーツをもつのかもしれない」。

右往左往
コラム⑨

神道の左上位

　宮城県塩竈《しおがま》市の鹽竈《しおがま》神社は陸奥《むつ》国一の宮として信仰を集めてきた。祭神は三柱である。二〇二の石段をのぼり切り、右手を見ると別宮《べつぐう》があり、主祭神を祀る。正面に向き直ると拝殿に二つの扁額がかかっている。右から左宮《さぐう》と右《う》宮《ぐう》。この左右宮の拝殿の奥に二棟の本殿が並んで立つ。扁額と同様、向かって右が左宮、左が右宮だ。左宮の祭神が右宮の祭神よりも上位とされていて、神道の左上位（神から見て左）を物語っている。参拝の正しい順序も別宮、左宮、右宮である。

　神道では左上位の作法が随所に見られる。拝殿で横並びに座るときは、正中（神の正面）を避け、神から見て正中に最も近い左（向かって右）に最上位の人、次位は神に最も近い右（向かって左）に座る。その後は正中から次第に遠ざかるように左、右……の順に並んでいく。神饌（供え物）も偶数の場合は同様に左、次いで右、という順序で交互に供える。奇数であれば、まず正中、次いで左、そして右の順になる。

　神職が幣束《へいそく》で参拝者のお祓《はら》いをするときは初めに左へ振る。次に右へ、おしまいにもう一度、左へ祓う。左右左《さゆうさ》の順で、左に始まり左に終わる。また、

鹽竈《しおがま》神社（宮城県塩竈市）の左右宮拝殿

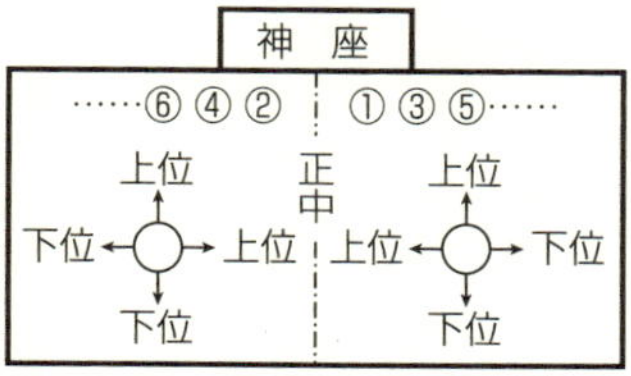

拝殿の席次（神社本庁編『神社祭式同行事作法解説』神社新報社，1974，34頁の図をもとに作成）

神饌。奥は奇数の５台なので正中から始まり，向かって右，左の順に供える。手前は偶数の 10 台で正中を避け，向かって右，左の順（写真提供：広島護国神社）

手水舎《てみずしゃ》で身を清めるときも、まず右手で柄杓を取って水を汲み、左手にかける。次に柄杓を左手に持ち替えて同様に右手に水をかける。ふたたび、柄杓を右手に持ち、左の手のひらに水を受けて口をすすぐ。その後、左手を洗う。やはり左右左である。左優先の思想が読み取れる。

参道を進むとき、真ん中は神様の通る正中なので避ける。正中の左右でいえば向かって左側を歩く。上位ではなく下位の側を行くのである。境内の施設配置を思い起こすと、手水舎は社殿に向かって参道の左側に置かれている場合が多いようだ。これは参拝者の進むべき側をさりげなく示しているのかもしれない。

参拝の拝礼では、二拝《にはい》のあと、両手を胸の高さで合わせて、右手を少し引き二回柏手《かしわで》を打つ（二拍手《はくしゅ》）。その後、右手を戻し、両手を合わせて祈る。左上位や左手重視を垣間見る思いである。

4 大相撲

横綱と番付

横綱は大相撲で力士の最高位を表すと同時に、横綱が土俵入りで締める綱も指す。この綱を見ると左綯《な》いである。しかも、綱には檀紙《だんし》で作った四手《しで》（紙垂《しで》）を五本垂らしている。一方、しめ縄も左綯《な》いで白紙の四手が垂れ下がる。横綱としめ縄。両者の酷似は何を意味するのか。

江戸時代、城や屋敷を建てる際の地鎮祭には選ばれた力士が招かれ、しめ縄状の綱を張った中で四股《しこ》を踏み土地の霊を鎮めた。この綱が横綱と呼ばれ、四股を踏む資格の授与を「横綱の伝」といった。

この横綱の伝を土俵に持ち込んだのが、熊本藩細川家の家臣で相撲の家元を名乗る吉田司家《つかさけ》である。

横綱は左綯い。綱の結び目が一輪の雲竜型（相撲博物館蔵）

吉田家伝来書の中に「横綱免許」なるものがあると言い出し、相撲の隆盛を図る相撲会所（相撲協会の前身）の意向とも合致。寛政元年（一七八九）、当時双璧とされた谷風と小野川に藁《わら》と木綿で作った横綱を授与した、両力士はこのしめ縄状の綱を締めて土俵上で四股を踏んだ。横綱土俵入りのはじまりである*。以後、この儀式が定例となり、腰につける綱を横綱と称するようになった（『歴史街道』

ＰＨＰ研究所、一九九二年七月特別増刊号「相撲なるほど歴史学」）。

大相撲の横綱のルーツは地鎮祭のしめ縄だった。したがって、その綯い方も当然、左綯いになる。しめ縄が神の存在を表示するのだから、横綱を締める力士は神格化された存在ともいえる。横綱の立ち居振る舞いにもおのずから品位が求められる。

大相撲の番付表を広げてみよう。中央の上部には江戸時代の勧進相撲の名残を示す「蒙御免《ごめんこうむる》」（勧進元が寺社奉行から相撲興行の許可を得たという意味）、その下に興行の期間と場所、行司名・審判委員名、日本相撲協会の名が記されている。そして、左右は東西に分かれ、それぞれ上位から順に力士名が並ぶ。番付面そのものから見て左側（向かって右）が東、右側が西である。同じ地位であれば東の力士が番付上位となる。

相撲博物館によると、取組は江戸時代以降、昭和六年（一九三一）一〇月までは、番付の東西に分かれた力士がそれぞれ対戦する「東西制」で行われていた。翌昭和七年（一九三二）二月から一門系統別、昭和一五年（一九四〇）一月から再び東西制、昭和二二年（一九四七）一一月から一門系統別、そして昭和四〇年（一九六五）一月から部屋別総当たりになったという。しかし、現在も毎日の取組は形式上、東西に分かれて行われている。こうした東西対抗の取組形式は、時代をさかのぼると左右対抗に行き着く。

天平六年（七三四）七月七日、聖武天皇が宮中で相撲をご覧になった。これがきっかけとなってその後、相撲は宮中の年中行事に組み込まれる。平安初期には天皇上覧の相撲大会「相撲節会《すまいのせちえ》」は恒例となり、毎年七月に行われた。場所は不特定だったが、平安中期からは紫宸殿《ししんでん》の南庭《なんてい》（前庭）で開催された。

相撲節会を開くにあたっては二〜三月ごろ、左右の近衛府《このえふ》からスカウト役の部領使《ことりづかい》が全国に派遣され、屈強の若者を召し連れてくる。上洛した相撲人《すまいびと》は、伴ってきた部領使の属する近衛府により、左右近衛府のいずれかの相撲人となる。それぞれを左相撲（左方《さかた》）、右相撲（右方《うかた》）と称した。そして「内取《うちどり》」と呼ぶ稽古を左相撲同士、右相撲同士で行って相撲人にランクをつけ、取組の順番を決めた。

当日、天皇は紫宸殿で南面して着座。南庭の東側には左近衛府《さこんえふ》の相撲人、西側には右近衛府《うこんえふ》の相撲人が控えていた。南庭には天皇から見て左側（向かって右）に左近の桜、そして右側（向かって左）に右近の橘が植えられていた。その南のあたりが相撲場だった。左近・右近は左近衛府・右近衛府の略称で、一説に南庭で相撲などを行う際、桜と橘を目印に左右近衛府の役人が並んだことから名付けられたという（第二章一節参照）。

出番を迎えた相撲人は衣を脱いで褌《ふんどし》姿になり、左右から

相撲節会の図。南庭で向き合う左方・右方の相撲人，その周りには立合《たちあわせ》（合図を発して取り組ませる役，いまの行司）や相撲《すまいの》長《おさ》（世話役）ら近衛府の官人を描く。左近の桜，右近の橘も見える（葛城市相撲館蔵『古今相撲大要』〈明治18年〉より）

「左相撲」と墨書された土器片。平城京左京（奈良市）から出土。左相撲は左方（左近衛府）に属する相撲人を指す。相撲節会が行われていた証し（写真提供・奈良市教育委員会）

一人ずつ出てきて対戦した。相撲召合《すまいめしあわせ》（取組）は二〇番（のち一七番）。勝った人数の多いほうが勝ち方となるが、団体戦では負けていても、おしまいに出てくる最強力士の最手《ほて》（現在の大関）が勝てば勝ちとなる。勝ち方は勝利の舞楽（勝負舞）を披露し、左方は左舞、右方は右舞を演じた。それがのちには勝ち方、負け方の順に舞うように変わった。この相撲節会は武士の台頭と朝廷の力の衰えにより、承安四年（一一七四）を最後に途絶えた。

現在見る一枚紙の縦長番付（一枚縦番付）は宝暦七年（一七五七）、江戸で誕生した。それまでは上方にならって東西別々の二枚横番付だったが、江戸は力士の数が少ないため、一枚で事足りるという理由であった。おかげで東西力士を比べたりするには便利になった。

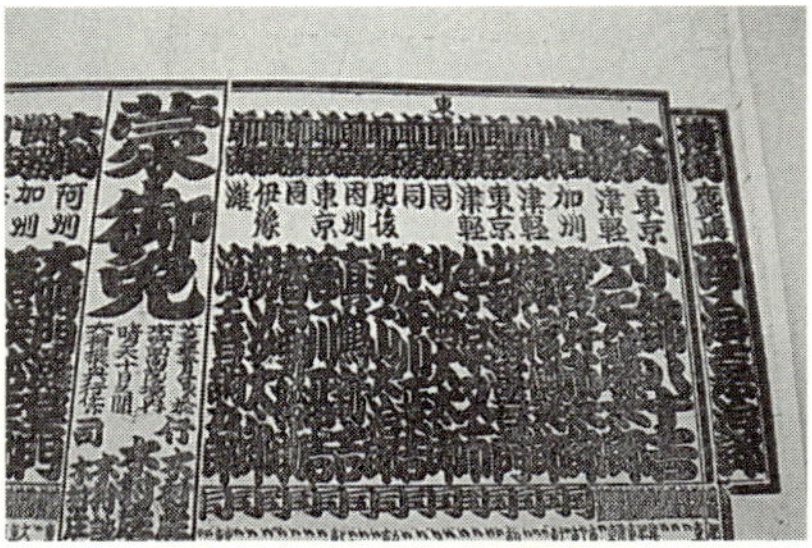

明治 23 年５月場所の番付。東の張り出しに西ノ海。番付に横綱が初めて明記された（葛城市相撲館蔵）

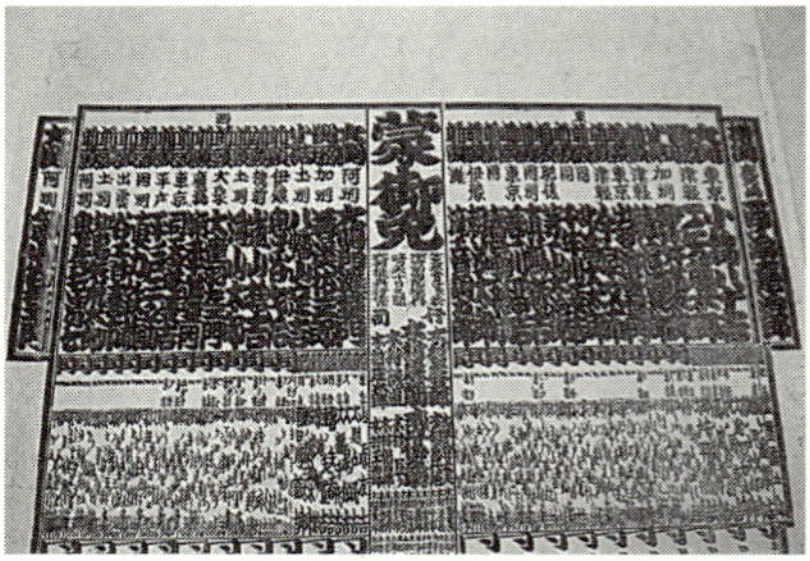

縦番付。同場所（葛城市相撲館蔵）

番付表の左右を東西に分けた縦番付。最後の相撲節会から六〇〇年近く経過して考案されたものだが、作製者の念頭には相撲節会の図があったに違いない。

番付表の中央に南面する天皇が着座されたとする。天皇から見て左側には左近衛府の力士が控える。方位は東にあたり、そのまま番付表の東に当てはまる。右側に配された右近衛府の力士は番付表の西に相当する。左右対抗の素地があって、近世以降の東西対抗が生まれたようだ。しかも、律令制では左近衛府は右近衛府よりも上位と考えられていた。番付の東上位には、相撲節会の平面プランと古代官制の左上位が反映しているものと思われる。

相撲節会を写しとった典型は大相撲の興行場所である。土俵の東西南北は正面を北と決めている。向《むこう》正面《じょうめん》は南である。ただし、実際の東西南北とは必ずしも一致しない。たとえば両国国技館。大きな通りに面する側を正面玄関にして設計されたので、土俵正面は北北西に位置する。大相撲では方位に関係なく、正面はあくまでも北とみなされる。両国国技館でロイヤルボックスが設けられているのは正面二階の最前列だ。いわゆる天覧相撲では天皇は南に向かって観戦されることになる。これはまさに相撲節会の天皇上覧を模写しているといえる。いまに引き継がれる千古の慣例。相撲の悠久の歴史を思う。

＊横綱土俵入りはもともと興行を盛り上げるパフォーマンスだった。江戸時代から明治末まで、力士の最高位は大関。横綱は「綱を締めて土俵入りすることを認められた力士」という意味で、地位ではなく、いわば称号。横綱の文字が番付に初めて載ったのは、明治二三年（一八九〇）五月場所の初代西ノ海。そして力士の最高位として明文化されたのは明治四二年（一九〇九）二月のことである。

5 狛犬の阿吽

旅先では点景を探して歩く。すると、願ってもないモノに出合える。一九九八年夏のおわり、みちのく仙台ぶらり旅。伊達《だて》政宗《まさむね》造営の大崎八幡宮に参拝した。

権現造《ごんげんづくり》の国宝建築を目指して石段を上がる。やがて「八幡宮」の額束《がくづか》を掲げる朱の鳥居が見えてきた。

その手前に一対の狛犬《こまいぬ》が鎮座している。それが、どうやらただの代物《しろもの》ではない。近づいて観察する。向かって右が口を閉じた吽形《うんぎょう》、左が口を開けた阿形《あぎょう》だ。見慣れた阿吽《あうん》の左右とは逆だから、好奇心をいたく刺激する。双方の頭に角があるのも妙だ。

さらに歩を進めると、長床《ながとこ》の前でまたしても同じパターンの狛犬がお出迎え……。これはどうしたことか。境内を掃き清めていた神職に尋ねた。理由はよく分からないとしなが

仙台市・大崎八幡宮。向かって右にある吽形（有角）

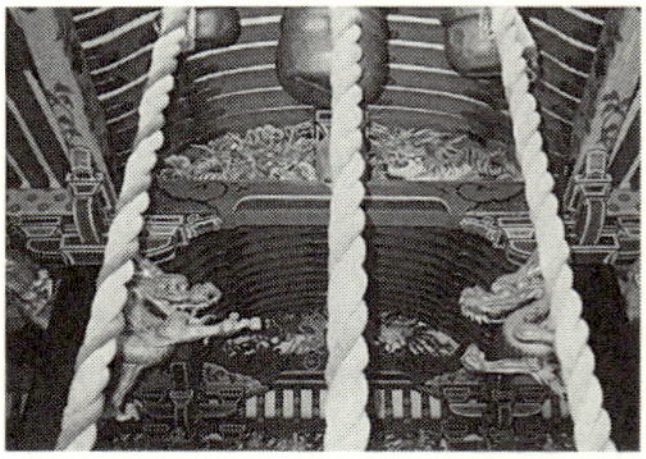
同八幡宮の拝殿。竜の彫刻の阿吽が狛犬と同様の配置

らも、次のように話してくれた。

「拝殿の正面に竜の彫刻が一対あります。向かって左に阿形、右に吽形を配しています。狛犬もこれにならって配置を決めたようです」

拝殿の向拝《こうはい》（庇《ひさし》）の柱を貫いて金色の竜が向かい合う。しげしげ眺めると、なるほど向かって右から吽・阿であった。

福岡市・香椎宮の吽形（有角）。頭に比べて、脚のたくましさが印象的。阿吽は通常の配置

山口県防府市・防府天満宮の阿形（無角）。阿吽は通常の配置

神社の参道や拝殿前にある一対の狛犬は通常、向かって右が阿形、左が吽形である。阿《あ》と吽《うん》はサンスクリット（梵語）のアとフームを音写したもの。阿は口を開いて発声する最初の音で、吽は口を閉じて発声する最後の音。そこで、それぞれ物事の始まりと終わりを象徴し、狛犬は開口の阿形が上位となる。阿形を社殿に向かって右に置くのは、社殿（神様）からみて左が上位とされるためだ。

いまでは一括して「狛犬」と言うが、本来は左右が別の名前をもつ。一般に向かって左側が「狛犬」で角があり雌、右側は「獅子」と呼び、角なしで雄だという。

たとえば、福岡市・香椎宮《かしいぐう》の楼門近くや山口県防府市・防府天満宮の石段脇、広島県宮島・厳島神社本社祓殿前にそれぞれ安置されている狛犬は、いずれも向かって右が無角・開口、左が有角・閉口である。ところが、大崎八幡宮のように阿吽が逆

奈良市・東大寺南大門の石獅子（西側）。無角。宋人の作

南大門の石獅子（東側）。無角

であったり、どちらにも角があったりと、狛犬のタイプは一様ではない。

奈良・東大寺の南大門には有名な阿吽の金剛力士像[*1]が安置されている。背中合わせにあるのが東西一対の石獅子。どちらも無角・開口である。前脚を突っ張り、胸を反らしてまさに獅子吼《ししく》の姿。東の獅子には雄のシンボルが確認できる。[*2] 石獅子は建久七年（一一九六）、中国の宋人が宋から取り寄せた石を使って造ったとされる。

南大門に見るように中国の獅子一対は阿・阿あるいは吽・吽の組み合わせが多いようだ。ただ、宋から伝来したとも、宋の影響のもとで造られたともいわれる福岡県太宰府市・観世音寺宝蔵の狛犬は東大寺同様、無角の獅子一対だが、阿形と吽形から成る。推測すれば阿吽の組み合わせは中国で生まれ、その後、日本で定着したのだろう。

ねず・てつや（本名・小寺慶昭）氏が、京都府宇治市など南山城地方の狛犬一二七対について、角の有無をもとに獅子・狛犬の組み合わせを調べている。その結果を『狛犬学事始』（ナカニシヤ出版、一九九四）に載せているので紹介する。向かって右、左の順に上下に並べた（括弧内は%）。

狛犬・狛犬……三（二・四）　狛犬・獅子……一（〇・八）
獅子・狛犬……五〇（三九・四）　獅子・獅子……七三（五七・四）

京都嵐山・法輪寺。本堂前の石像が阿形の虎，吽形の牛。虚空蔵菩薩が寅年生まれと丑年生まれの守り本尊だから，という

広島市・比治山神社の阿形（無角)。支える子獅子が健気

同神社の吽形（無角)。後脚で玉を踏む

向かって右側に有角の狛犬が見られるのは、わずかに四例。したがって、右側の阿形は無角の獅子である、と原則的には定義できるという。

向かって右が獅子、左が狛犬の「獅子・狛犬型」は意外に少なく四割足らずである。目立つのはどちらも無角の「獅子・獅子型」。設置時代別に見ると、江戸時代は「獅子・狛犬型」が八割を占めていたが、時代とともに減少。昭和の戦後は「獅子・獅子型」が約九割と圧倒している。

広島市・比治山神社の狛犬は獅子・獅子型である。阿吽は通常の配置なのだが、どちらも角がない。余談だが、この神社の狛犬は子細に観察すると楽しい。阿形は左後脚をヒョイと上げているが、なんと子獅子が両手で懸命に持ち上げているではないか。一方、吽形は右後脚で玉を踏み、今にも蹴り出さんばかりの勢い――。顔つきの凄みとは裏腹に、石工の遊び心がほのぼのと伝わってくる。

この左右どちらも獅子というタイプ。うがった見方をすれば、なにかと角突き合う世の中、安寧を求めて訪れる参拝者には角をヌッと出した狛犬はふさわしくないという思慮か。さらに、歴史を遡行《そこう》すると一対の獅子は先祖返りの一面も持つ。

狛犬の源流はライオン像だ。ライオン像は西アジアでは王城を守り、インドでは仏像の台座に表現されて釈迦の威光を象徴。中国では獅子と呼ばれて仏像の左右に盛んに配され、仏の守護獣の性格を帯びる。日本へは朝鮮半島を経て仏教とともに伝来、高麗《こま》犬の名が付けられた。

日本でも奈良時代までは無角の獅子像一対が守護獣などとして用いられていたとみられる。伊東史朗氏（一九八九）によると、狛犬の名が初めて現れるのは平安初期の舞楽関係の史料。そこには「狛犬頭二面」などと記されている。二面を獅子・狛犬と受け取れば、すでに九世紀にはこの一対を狛犬と称していたようだ。つまり、そのころ獅子の一方が有角の狛犬に替えられたものと想像される。そして「宮中紫宸殿の賢聖障子に獅子・狛犬が描かれたことは、この組合せを固定的にするきっかけ」（伊東氏）となった。中国では、獅子と一角獣を組み合わせて守護獣とする例はいまのところ知られていないが、おそらく獅子・狛犬の組み合わせの源流は中国にあると思われる、と伊東氏はいう。

狛犬の雌雄も興味深い。西谷大氏（一九九〇）の報告によれば、イラン・イラクなど西アジアのライオン像一対はともに雄だが、中国では唐以降に片方の獅子が雌に転換する。そこには陰陽思想の影響があったようだ。日本でも当初は一対の獅子に雄の意識をもち、その証しを股間に表していたという。その後、獅子・狛犬の組み合わせが広まるとともに、陰陽説によって一方を雌と見なすようになったのではないだろうか。

阿吽、角の有無、雌雄……日本の狛犬の左右は、中国の影響を受けながら複雑な組み合わせで展開されている。

＊1　金剛力士像（仁王像）は通常、向かって右に阿形、左に吽形を配置するが、南大門の仁王像はその逆で右から吽・阿。同じ例は東大寺法華堂《ほっけどう》の仁王像（八世紀中ごろ）や奈良県桜井市・長谷寺の銅板法華説相図《どうばんほっけせっそうず》（七世紀末）などにも見られる。この配置について松島健氏（一九九八）は「奈良時代以前では必ずしも異例ではない」としたうえでこう記している。

「『阿』『吽』は、梵語（サンスクリット）の母音の最初と最後の音で、万法の初めと終わりを示すともいうが、左から右へという梵語の書き順に従えば、伽藍の門に向かって阿形は左、吽形は右の配置となる。しかし、仏堂内の本尊側から見れば、左手に阿形、右手に吽形となる。前者が古式のように思えるが、古代中国における天子南面の原則、さらには左方を尊重する日本の慣例によって、阿形を左方（向かって右）とする配置の仕方が定着していったのではないか」

＊2　狛犬に詳しい上杉千郷氏（二〇〇八）によると、南大門の石造狛犬は製作当初、両方とも雄であったが、後世になって片方の雄のシンボルが壊され、雌雄一対になってしまったという形跡がみられるという。

6 奥の手とは？……日本の古典から

左右をめぐる素朴な質問は時として相手の意表をつく。以前、新聞の紙面に次の投稿が掲載された。

　テレビのクイズ番組を兄と見ていた。「奥の手とは左右どちらの手？」という問題で、兄は何かを取り出してきてジーッと眺めて考えている。兄が持っていたのは「孫の手」だった。

（朝日新聞記事・一九九八年一〇月一八日付朝刊「いわせてもらお」東京都世田谷区・答えは左手・14歳）

わたしたちが、たとえで使う「奥の手」とは、とっておきの手段のこと。しかし、その実体は？　と尋ねられると、くだんの兄貴のように心もとない。ペンネームにあるとおり、奥の手は古代には左手を表していた。

『万葉集』巻九にこんな歌がある。

　我妹子《わぎもこ》は釧《くしろ》にあらなむ左手のわが奥の手に巻きて去《い》なましを（一七六六）

ある男が筑紫に下る際、あとに残す妻にあてて「そなたが腕輪であったらよいのになあ。そうしたら私の大事な左手に巻いて連れて行こうものを」と詠んでいる。

奥は入り口から深く入ったところで、大切にする場所を意味する。古代の日本では左が重んじられていたため、左を奥といった。一方、右を辺《へ》と称した。辺は端のところ、価値の低いところを表した。

次は『万葉集』巻一一にみえる歌である。

めづらしき君を見むとぞ左手の弓とる方《かた》の眉根《まよね》掻きつれ（二五七五）

「めったに会えないあなたにお目にかかれるという前触れに、左手の弓を持つ方の眉を掻いたのに、お会いできなくて残念です」。当時、眉が痒《かゆ》くなるのは恋人に会える前兆とされていたので、眉を掻く呪術が行われた（第一章九節参照）。それも左の眉が痒いのを吉と考えていたことが読み取れる。

それでは、左右の先後関係はどうか。記紀神話の中から拾ってみる。

『古事記』では、イザナギノ命が黄泉《よみ》の国に出かけて亡妻イザナミノ命を見る場面に左右が出てくる。無残にもイザナミには蛆《うじ》がわいてゴロゴロ鳴り、左手には若い雷、右手には土の雷、左足には鳴る雷、右足には伏せている雷がいた。これを見てイザナギは驚き逃げ帰る。この描写で注目されるのは左・右・左・右と左が先行している点である。

さらに左右は続く。イザナギが帰ってから禊《みそぎ》をする際、身につけたものを投げ捨て、そこから神々が誕生する。この中には腕巻（手纏《たまき》）もある。

次に投げ棄つる左の御手の手纏に成りませる神の名は、奥疎《おきざかる》の神。次に奥津那藝佐毘古《おきつなぎさびこ》の神。次に奥津甲斐辨羅《おきつかひべら》の神。次に投げ棄つる右の御手の手纏に成りませる神の名は、辺疎《へざかる》の神。次に辺津《へつ》那藝佐毘古《なぎさびこ》の神。次に辺津甲斐辨羅《へつかひべら》の神。

まず左手の腕巻から生まれた三神を挙げ、どの神にも大切な「奥」の名を冠している。次に右手の腕巻から生まれた三神を列挙し、すべてに「辺」を冠す。左が奥、右が辺に対応していて、しかも左が先行する。こんなところにも古代の左優先を垣間見る。

『日本書紀』神代紀第五段一書第六と『古事記』によると、イザナギが禊で左目を洗ったときに最高神の天照大神《あまてらすおおみかみ》が誕生、次に右目を洗うと月読命《つくよみのみこと》が、最後に鼻を洗うとスサノヲノ命が生まれる。このように太陽・月が神や巨人の両目から生まれるという神話はアジア各地に伝えられているが、なかでも中国の盤古《ばんこ》神話が有名。巨人盤古の死後、左目は太陽となり、右目は月となるなど、身体の部位がそれぞれ大自然を生むという死体化生の壮大な物語。記紀神話の語る太陽・月の誕生はおそらく盤古神話を下敷きにしていると思われる。したがって、この場面は古代の左優先と即断するわけにはいかない。

『日本書紀』神代紀第五段一書第一には、イザナギが天下を治めるべき優れた子を産みたいといって、左手で白銅鏡《ますみのかがみ》をとったときオオヒルメノミコト（天照大神）が生まれ、右手で白銅鏡をとったとき月弓《つくゆみの》尊《みこと》が誕生、首を回して後ろを見たときにスサノヲノ尊が生まれたと記されている。

『日本書紀』神代紀第六段一書第三では、天照大神とスサノヲの誓約（うけい）の場面で、スサノヲが左の髻《もとどり》に巻いた玉を口に含んで左の手のひらに置き、男神を生む。また右の髻の玉を口に含んで右の手のひらに置き、男神が誕生。そのあとも男神が左腕の中、右腕の中、左足の中、右足の中から、という順に生まれる。

記紀神話では左右を並べて述べるとき、左を先に記す傾向がある。左＝優先、右＝劣後という共通認識が古代の日本人にはあったと思われる。

ただし、右を先にする記述がないわけではない。『古事記』の国生みの話ではイザナギがイザナミに「汝《な》は右より廻り逢へ、我《あ》は左より廻り逢はむ」と言う。これは中国の古典に出てくる、「天左旋、地右動」（天は左にめぐり、地は右に動く）や「男左転、女右廻」（男は左にまわり、女は右にまわる）、「雄左行、雌右行」（雄は左へ行き、雌は右へ行く）などの記述にのっとった表現だ（コラム⑦参照）。この場合は、相手に対する呼びかけなので、女神の「右廻り」を先に記したにすぎない。したがって、右優先の材料になるとは思えない。

7 左をめぐる吉凶

「左馬《ひだりうま》」と呼ぶ縁起物がある。将棋の駒型に、「馬」という漢字を左右逆向きに書いたもの。商売繁盛のお守りだ。その由来について、山形県天童市将棋資料館は次のような説を挙げる。

①馬は右から乗るとつまずいて転ぶという習性を持っており、元来左から乗る。つまり、左馬で長い人生をつまずくことなく過ごすことができ、福を招く。

②馬の文字が逆に書かれていることから、ウマの逆でマウ（舞う）。古来、舞いはめでたい席で催されることから招福を意味。

左馬は馬の鏡文字。馬の文字を鏡に映すと逆向きになる。馬の頭を右，尻尾を左にして描いた絵も左馬という

③左馬の下の部分が巾着《きんちゃく》（財布）の形をしている。口がよく締まって、入った金が散逸しないことから富を象徴。

④馬は人に引かれるもの。しかし、その逆だから人が馬に引かれて入ってくる。つまり、客商売にとって千客万来の駒。

コラム⑥で取り上げたとおり、日本の乗馬法は幕末まで右乗りだった。左馬が古い習俗であるとすれば、①の説は論外となる。左馬は、通常を「右」とみなして「左」と命名したところがミソ。そこに現状打破と開運の祈りが込められている。

左に関する習俗は、左馬のように吉事・幸運を連想させるものばかりではない。むしろ、弔事《ちょうじ》にかかわることが目立つ。知られているのは死装束の左前だ。ふだんの右前とは逆の着せ方をする。また、風呂敷や袱紗《ふくさ》も弔事には右から包んで左前とする（第一章一節参照）。

『改訂綜合日本民俗語彙・第三巻』（民俗学研究所編著、平凡社、一九五五）は「左」を冠した、弔い関連の言葉を列挙している。その中のひとつが「左襷《ひだりだすき》」。片襷を左から右へかけること、広島県でいう、とある。葬式の湯灌《ゆかん》に限ってそうするので平常は左襷を忌む。「左柄杓《ひだりびしゃく》」という語もある。柄杓の水をいつもどおりの手前ではなく、外側にこぼすように汲むことで、野辺送りで手を洗う際、行うという。

左柄杓については松永和人氏（文化人類学）が『左手のシンボリズム』（九州大学出版会、一九九五）で、「逆さ柄杓」という別名を挙げ、湯灌の湯をつくる際の柄杓の持ち方・使い方を指す、と報告。柄杓を外側に傾ける以外に、通常右手に持つ柄杓を左手に持って水に湯を入れることも「左柄杓」と称す、と指摘する。

葬送の慣行としては「袖かぶり」が各地で見られた。井之口章次氏（民俗学）の『日本の葬式』（早川書房、一九六五）には次のような事例が記されている。

❖静岡県安倍郡……女性の喪服は白衣白帯が普通で、白い薄絹の衣の左袖を頭にかぶり、頭を隠して葬列に参加する。

❖長崎県五島……近親の女性だけは帷子《かたびら》の左袖をかぶって頭を隠す。

❖千葉県安房……白麻の着物の左袖をかぶる。

なぜ、袖をかぶるのか。それは忌みにこもる人たちが日に当たることを慎む行為だった。左袖をかぶるのは野辺送りに限られていたため、普段はタブーとされていたという。徳島県には「火の玉は左の袖裏で招くと飛んでくる」という俗信がある。これは左袖の禁忌から派生したものだろう。


運・不運でいえば、「左」は不運を表すことがある。たとえば「左膳《ひだりぜん》」。目の前に据えた膳の木目は横に通っているのが正規だが、木目が縦になるように膳を置くことで、嫌われた。東北では左膳で食べると果報を落とす、という。東京では左膳という語がなく、「えびす膳」と言った（池田弥三郎、一九八〇）。民家に向かって左側に出入り口があるのを「左勝手《ひだりがって》」「左住まい《ひだりずまい》」「左屋《ひだりや》」などと呼ぶ（第一章六節参照）。関東では「左住まいは繁盛しない」という。新潟県でも左屋を嫌う。

先に記したように、葬制には「左」が頻出する。この点について、松永氏は前掲書で「左」の習俗を「悪、凶、不浄、不祝儀の意味においてのみとらえるのは、その一面の事実の指摘にすぎない」と述べている。その理由として神祭りの「左」との共存例を挙げた。いくつか書き出してみよう。


❖神社のしめ縄が「左綯《な》い」。同じ村でかつての土葬の際、棺をしばる縄が「左綯い」。

❖神輿《みこし》を担ぐ人の履くわらじの緒が「左綯い」。同じ村でかつて葬式の際、棺を担ぐ人の履く葬式わらじの緒が「左綯い」。

❖沖縄・久高島《くだかじま》で神に仕える神女の衣装と、死者に着せる死装束が、ともに「左前」。

❖鹿児島県徳之島では稲の豊作を神に感謝する夏正月の儀礼で「左回り」にまわる。葬制上でも棺を「左回り」にまわす。

❖神事の地鎮祭で鍬《くわ》を使うとき、「左手」を先にし右手を後にして持つ。同じ村で同様の、「左手」を先にする鍬の持ち方が、かつて土葬で棺に土をかける際にも見られた。
❖神に奉納した神楽を記録する神楽繰出帳が「左とじ」（とじ目が左）。同じ村で葬式の香典帳が「左とじ」。

同じ「左」の習俗が一方では「浄」の神祭りにかかわり、他方では「不浄」とされる葬制に見られる。松永氏はこれを「魔払いのため」としてとらえれば統一的に理解できるという。そして葬制上、日ごろの右を逆さの「左」にするのも、死のケガレのためではなく、死者に取りつこうとする魔物を払い、併せて死者の再生を願う意味があるのだと指摘する。

魔払いを基本にして、不運・凶を幸運・吉に転化したり、神を招いたりする呪法が「左」の意味だと考えた。したがって、通常と逆にする左馬も、魔を払うとともに事態の好転を図ろうとする、一種の呪《じゅ》具《ぐ》なのである。

これまで左と右は聖・俗のほか不浄・浄といった二元論で語られることが多く、左の中の浄・不浄を説明しきれないうらみがあった。その点で「魔払い」をキーワードに使った松永説は卓見であるといえよう。

俗信・習俗に見られるさまざまな「左」。その意味をひと括《くく》りで表すのは大変むずかしい。あえていえば、尋常でない〝異常〟を強調したり（例・左膳）、祭祀や人生の通過儀礼などの〝非日常〟を日常の右に対して峻別《しゅんべつ》したり（例・左綯い）する記号が、「左」であるのかもしれない。

第六章◉左右の優劣——海外編

1 右優位のヨーロッパ……………手と足にみる観念

人間の思考を二元論で特徴づけたフランスの社会人類学者ロベール・エルッはその著書『右手の優越』（吉田禎吾・内藤莞爾・板橋作美訳、ちくま学芸文庫、二〇〇一）で次のように述べている。

右には、神聖で、普通な、また善良な力があり、すべての効果的な活動の原理、良く、好ましく正しいすべてのものの源泉があるのに対し、左には、俗、不浄なもの、弱、無能、また邪悪な恐ろしい存在の漠然とした表象がある。

エルッは、右を聖・浄・正・善・吉という肯定的価値に、左を俗・不浄・邪・悪・凶という否定的価値に結びつけて把握した。この構図は無論、すべての事象にあてはまるわけではないが、右優位・左劣位の考えは世界に広くみられる。

古代ギリシャの詩人ホメロスの作とされる叙事詩『オデュッセイア』（紀元前八世紀ごろ）には、右手・右側が吉兆として描かれている。まず、英雄オデュッセウスの子、テレマコスがメネラオスの屋敷を出立する場面。歓待を受けたことに感謝し、父に伝えたいと述べた。

テレマコスがこういった時、右手で一羽の鳥が飛んだ。農家に飼われた大きな白い鵞鳥を、爪に摑《つか》んだ鷲であったが、並居る者たちは、男も女も大声をあげながら鳥の跡を追った。鷲は人の群の近く舞い寄ったかと見る間に、馬の前面をかすめて矢の如く右手へ飛び去った。この有様を見て一同は喜び、皆の胸中の心はほのぼのと温まった。（第一五歌一六〇－一六八）

『オデュッセイア（下）』（松平千秋訳、岩波文庫、一九九四）より。以下同。

ギリシャでは鳥が右側で飛ぶのは吉とされていたことが分かる。さらに、より明確に幸運を寿《ことほ》ぐのが次の一節である。

テレマコスがこういった時、その右手を鳥が飛んだ――アポロンの快速の使者たる鷹で、脚に捕えた鳩の翼をむしりとり、その翼があたかも船と当のテレマコスとの間に舞い落ちてきた。この時テオクリュメノスは、一同から離れたところへテレマコスを誘い出し、その手をとって親しげな口調でいうには、「テレマコスよ、鳥が右手に飛んだのは、必ずや神意に基づくもの、わたしの見たところ、あれは前兆を示す鳥に相違ありません。このイタケの郷《さと》では、あなた方の一族より王位にふさわしい家系はない。あなた方はいつまでも、この地の王たる人たちですぞ」。（第一五歌五二五―五三四）

当時は、なにかにつけて鳥占いをしていたようだ。左手に鳥が飛ぶ場面もある。テレマコスの母ペネロペイアには、その夫オデュッセウスが帰らぬなか、家財を蕩尽《とうじん》しようと画策して多くの求婚者が言い寄っていた。そして——

求婚者たちはテレマコス暗殺の企みをめぐらしていたが、この時彼らの左手に鳥が現われた——天空高く飛翔する鷲で、気弱な鳩を摑んでいる。するとアンピノモスが一座に向って弁じていうには、「御一同、テレマコスを殺害せんとする、われらのこの計略は成功せぬであろう、……」。（第二〇歌二四〇-二四六）

鳥が左手に現れるのは凶兆とされていた。背景には手の左右そのものに対する優劣の観念があったとみられる。

そっくりの鳥占いが古代ローマにもあった。宮殿に国家の重大事件を予言する卜占官《ぼくせんかん》がいて、放った鳥の飛ぶ方位で吉凶を占っていた。それは右に飛べば吉、左に飛べば凶というものだった。さらに古代ローマの軍隊では右利きの青年だけを兵士として採用したという（箱崎総一、一九七九）。

キリスト教ではどうか。ユダヤ教ならびにキリスト教の聖典『旧約聖書』の「創世記」第四八章に右手優位の考えが認められる。ヨセフが二人の子を父イスラエルのもとに連れていった場面である。

ヨセフはエフライムを右の手に取ってイスラエルの左の手に向かわせ、マナセを左の手に取ってイスラエルの右の手に向かわせ、ふたりを近寄らせた。すると、イスラエルは右の手を伸べて弟エフライムの頭に置き、左の手をマナセの頭に置いた。マナセは長子であるが、ことさらそのように手を置いたのである。……ヨセフは父が右の手をエフライムの頭に置いているのを見て不満に思い、父の手を取ってエフライムの頭からマナセの頭へ移そうとした。そしてヨセフは父に言った、「父よ、そうではありません。こちらが長子です。その頭に右の手を置いてください」。

（日本聖書協会『聖書』一九七一）

さらに、『新約聖書』「マタイによる福音書」第二五章に次のような記述がある。羊は「祝福されたもの」、山羊は「のろわれたもの」を表す。

人の子が栄光の中にすべての御使《みつかい》たちを従えて来るとき、彼はその栄光の座につくであろう。そして、すべての国民をその前に集めて、羊飼いが羊とやぎとを分けるように、彼らをより分け、羊を右に、やぎを左におくであろう。そのとき、王は右にいる人々に言うであろう、「わたしの父に祝福された人たちよ、さあ、世の初めからあなたがたのために用意されている御国《みくに》を受けつぎなさい…」。……それから、左にいる人々にも言うであろう、「のろわれた者どもよ、わたしを離れて、悪魔とその使《つかい》たちとのために用意されている永遠の火にはいってしまえ…」。

（日本聖書協会、前掲書）

『新約聖書』にはこのほか「イエスが神の右に座られた」（マルコによる福音書）や「イエスは神の右に上げられ」（使徒行伝）などといった表現もみられ、右の重みを伝えている。聖書を通じて、キリスト教の「右を尊び、左を卑しめる」観念が見て取れる。

ヨーロッパ中世も左に対する偏見は続く。

左右への注意は一挙手一投足に及んでいた。ヨーロッパの中世史に詳しい池上俊一氏（一九九四）によると、右足は幸いをもたらすといわれ、中世の人たちは、ベッドから起き上がるとき右足から起きるべきで、左足からだとその日一日不運だ、といった。同様に、敷居をまたぐときも右足からにすべきだ、とされた。

つまり中世の人々は、左右の足のどちらをさきに出すか、どちらの足からズボンやスカートをはくか、どちらの足から家の敷居をまたぐか、などといった細かな動きで縁起を担いだのである。たとえば一五世紀のイタリア・シエナの町では「両親の家を去って新居に入る娘は、右足からはいるように注意された」という（池上俊一、一九九二）。

現代のイタリア語にも「左足から起きた」という言い回しがあり、これは人がわけもなく不機嫌なときに使われている。「朝、ベッドをでるとき、左足から先に降りたせいだというのだ」（野村雅一、一九九三）。こうした右足＝浄、左足＝不浄の観念はすでに古代ローマにあった。貴族の館では、敷居のところに召し使いの少年を座らせ、客が右足でまたぐかどうかを監視させた。もしも客が左足でまたぐようなことがあれば、その家全体が不幸に見舞われる、と考えていた（水之江有一、一九八五）。

英語で身分違いの結婚を marry with the left hand（左手を使って結婚する）という。身分の高い花婿は花嫁に対して正式な右手ではなく、左手を差し出す風習があったことからそう呼ばれるようになった。また、のらりくらりの仕事を work with the left hand（左手で仕事をする）という（谷本秀康、一九九五）。圧倒的多数を占める右手利きの思い上がりが、透けてみえる言葉である。

手も足も、右の優位がヨーロッパの歴史を貫いているといって過言ではない。

右往左往
コラム⑩

肩のフォークロア

肩ひじ張る、肩で風を切る、肩にかかる、双肩に担う、肩書……。肩は威厳や責任を象徴する。これでは「肩がこる」のも当然である。こうした日本人にみられる〝肩意識〟の強さ。その理由の一つに、立川昭二氏（一九九六）は江戸時代の俗信を挙げる。それは当時の「肩が良い」「肩が悪い」という言葉が物語る。人間の運・不運を肩に結びつけて表現したのである。

人間が生まれると同時に左右の肩には「倶《く》生神《しょうじん》」という名の男女二神が乗っている。男神は左肩にいて善行を記し、女神は右肩にいて悪行を記す。死後、記録のすべてを閻魔《えんま》大王に報告するという。そのため「肩に宿っている倶生神が人間の運命を左右すると信じ、運不運あるいは幸不幸は肩にある」と考えるようになったという（立川、一九九六）。

しかし、肩意識の強さでは、台湾の先住民*（高砂族）が上回るだろう。古野清人氏（宗教社会学）が昭和初期に現地調査を重ねた結果、かれらの左右の肩に対する考え方が明らかになった。『古野清人著作集』第一巻・第四巻（三一書房、一九七二）から要約する。

▽アミ族……人間の両肩にカワス（神霊）が宿る。右肩にはなすべきことを教えてくれる善霊（男神）が、左肩には人々を迷わせる悪霊（女神）がいる。人間はカワスの力で生きている。死者を墓場に担ぐのは左肩。右肩を使うのは禁忌。右肩には人間を保護するカワスがいるので、そこを汚《けが》すわけにはいかない。猟に出かけるときは、左肩のほうを振り向いて唾を吐く。左肩に悪神がいると信じでいるので、これを追い払うためにする。

▽パイワン族……右肩のツマス（神霊）はよく、泥棒など悪いことをさせるのは左肩のツマス。そこで盗むことを「左で取った」という。

▽ブヌン族……右肩にはよいカニト（神霊）、左肩には悪いカニトが宿っている。危険な場所で助かるのはよいカニトの庇護《ひご》による。

▽サイシアト族……人間には体の八か所にハヴン（神霊）がある。右肩にはよいハヴン、左肩には悪いハヴンがいる。左利きは悪いハヴンが優勢である場合になるので、一般に嫌う。猟に行って獲物を射止められないのは悪いハヴンがいた証拠。

右肩＝善、浄、幸運に対し、左肩＝悪、不浄、不運という対極の構図が明確に示されている。

古野氏はこうした事例から、台湾の先住民の多くが「人間の霊魂を左右の肩に配分して、例外なしに右を善となし左を悪としている」と考えた。そして、ある民族や部族が右の優越性を認めるようになったのは「右手なり右肩なりあるいはひろく身体の右側に善良な霊魂が宿っている」と信じているからだという。

右肩を清浄とする習俗で思い浮かべるのが、偏袒《へんだん》右肩《うけん》。「偏《ひとえ》に右肩を袒《はだぬ》ぐ」意で、衣の右肩を外すこと。かつてインドで相手に敬意を示すための礼法だった（第三章七節参照）。本来、清らかな右肩の露出に意味があったはずで、現在は、僧侶が袈裟を左肩から右脇下にかける着衣法に受け継がれている。

台湾や仏教の世界と、江戸の昔の俗信は、肩の左右に対するプラス・マイナスの観念が逆である。しかし、往時の人々が身体部位にどれほどの関心を持っていたか、その一端をみる思いである。

＊台湾での公式呼称は「原住民」。

2 右優位のヨーロッパ

言葉の世界

英語の right を手元の辞書で引くと、「右の、正しい、ふさわしい」などという意味の後に、次のような熟語が並んでいる。right-hand（最も役に立つ）、right-minded（公正な）。さらに、that's right（そのとおり）や all right（申し分ない）などの表現もある。right について否定的なニュアンスはどこを探しても出てこない。

right の親は古英語（五～一一世紀の英語）の riht（まっすぐな、正しい）である。語源はゲルマン諸語の基語（学問上の推定語形）*rehtaz で、その原形は印欧語族の共通基語の語根 *reg- にさかのぼる。原義は「まっすぐ動く」である。まっすぐ伸ばして、さまざまなことができる正しい手が「右手」であり、そこから right に「右の」の意味が加わった。一三世紀のことである。

このほか現在、「右の」を表すフランス語 droit、ドイツ語 recht、ロシア語 právyj も「まっすぐな、正しい」という意味の語が転用されたものである。

ちなみに「右派の、保守派の」という意味は比較的新しいもので、一七八九年のフランス革命後の国民議会で貴族議員が議長の右側に座ったことに由来する。この意味は革命後に英語の right に加わった。

広島大学大学院教授・今里智晃氏（英語史）には、言語の興味深い派生を教わった。共通基語の語根 *reg- からラテン語 rēgula（まっすぐな棒、ものさし）やそのフランス語形を経て、英語の rule（規則）、regular（規則正しい）、rail（横木、線路）、erect（直立した）などが生まれたというのである。direct（まっすぐな）、royal（王族の）や regal（王の）もまた *reg- の子孫である。

なお、英語には同じように「右の、（盾）の右側の」を指す語に dexter がある。派生語の dexterous（右利きの、器用な）や dexterity（器用、機敏）は右利きの手さばきからきたものだろう。いずれも right やその仲間の語より新しいもので、一六世紀以降にラテン語から英語に入った。

同じ印欧語族のサンスクリットで「右の」を指す語は dákṣina。「右の」を表す印欧共通基語の語根は *deks-（「右の」、原義＝受け取る）とされる。「受け取る」ことは「能力がある、器用な」という意味につながる。ものごとを成し遂げる右手の能力に着目して、やがてこの語が「右の」を意味するようになったのではないか。

「左の」を表す英語 left は古英語 lyft にさかのぼり、「弱い、価値のない」という意味だった。その名残か、left-handed は「左利きの」という、そのものズバリの意味のほか、「不器用な、疑わしい、不誠実な」場合にも使われている。たとえば a left-handed compliment（ほめ殺し）のような使い方がある。

英語に限らず、ヨーロッパ各国で現在「左の」を表す語は、好ましくない意味の語が転用されている。たとえばドイツ語 link の原義は「ゆるんだ、怠惰な」、フランス語 gauche は「よろける、出来の悪い、形の悪い」という意味だった。

また、アメリカの数学者でアマチュアの手品師でもあるマーティン・ガードナーはその著書でこう述べている。

イタリア語で「左手」は stanca か manca であるが、前者には「疲れた」、後者には「欠陥のある」という意味がある。

（坪井忠二・藤井昭彦・小島弘訳『新版・自然界における左と右』紀伊國屋書店、一九九二）

英語の sinister には「不吉な、邪悪な」という意味もあるが、語源はラテン語 sinister（左の、不吉な）である。これは占いで左を不吉な方角とする慣習があったことに由来する。仲間にはイタリア語 sinistro（左の）やスペイン語 siniestro（左の）、フランス語 sinistre（不吉な）などの語がある。これに対してサンスクリット sāniyān には「より有利な、より有益な」という意味がある。そこで、今里教授は「ラテン語 sinister も初めから悪い意味で用いられていたわけではない」という。「左」を「よりよい側」とする語はほかに古高地《ここうち》ドイツ語 wini（友人）などにも見られた。ただし、左に肯定的な価値を与えた理由はさだかではない。

このように「左右」を意味する語彙をさかのぼると、おおむね「直、巧、強、速」が右につながり、「曲、拙、弱、遅」が左に結びついてきた経緯を把握できる。しかし、あらためて問うてみる。なぜ、「左」はそこまで貶《おとし》められてしまったのか――。

大野晋氏（国語学）は『日本語をさかのぼる』（岩波新書、一九七四）で次の二点を指摘している。

①人間の大多数は右利きで、左利きは少ない。左手はきかない人が多い。したがって左手を劣ってい

るとする。このことが、左と弱・不器用などの印象との結合に関係している。

②東を前面、正面とする考えが根強いことを知る必要がある。東を正面とすれば、左は北になる。北は黒・汚の印象。北・左は太陽の光が弱く劣っていて、暗い。逆に右は南で明るく強い。

今里教授はこんな見方を示す。

「古代ギリシャ人は占いのとき、北に向かって立ちました。右側は太陽の昇る東にあたります。そこで、右を左よりも大切に考えるようになりました。この古代ギリシャの思想がそののち、欧州で右を優位とみる考えを生み、さらには『正しい』という意味の語を『右の』という意味に転用することにつながったのです」

日本語の左（ひだり）は、一説に南面したとき東が左にあたることに由来する「日出方《ひだり》」で、古代、左が尊ばれたという（第一章一〇節参照）。時代により、地域により、向かう方角が異なれば、おのずから左右の優劣も変動するわけだ。

＊印欧語族に属する言語は現在、ヨーロッパから西アジア、インド、南北アメリカ、豪州などに広く分布。もともと共通の言語（共通基語）を使っていたが、紀元前の三五〇〇～二五〇〇年ごろに民族移動に伴い、一一の語派に分かれたという。印欧語族は世界最大の言語グループで、そのなかには、古代インドの文章語であるサンスクリット、アリストテレスやソクラテスなどが使った古代ギリシャ語、ローマ帝国の公用語であるラテン語のほか、イタリア語、フランス語、スペイン語、ドイツ語、英語、ロシア語など現在の世界の主要言語の多くが含まれる。

3 イスラムの右優越

イスラム諸国では右を尊ぶという。それはどんな場面で見られるのか。世界各国のマナー・習慣をまとめた本から、ムスリム（イスラム教徒）の多い国を取り出して、抜き書きをしてみた。

❖あいさつ

トルコ……親しくなると目下の人から目上の人に対して最初に右頬、次に左頬をつけて「チュッ」と音を立てる。

マレーシア……普通、右手で握手する。ただし、固く握りしめて何度も振りあうのではなく、胸元に手をあててから（心底からの意味）、そっと相手の右手に触れる程度の握手。

❖食事

湾岸アラブ諸国……左手は不浄とされているため、手で食事をする場合には右手を使わなければならない。

❖身振り手振り

湾岸アラブ諸国……みやげ物などを手渡しするときは、右手で渡すように努める。左手で渡して不興を買い、苦労が台無しになった例もある。

インドネシア……物の授受は必ず右手か両手で行う。

（企業ＯＢペンクラブ『国際マナー常識事典』学習研究社、一九九四）

よく知られているのが、「飲食は右手」のルールだ。用を足した後の始末を左手で済ますため、食事の際は左手を使わないのだ、と一般に説明される。

武田朝子氏（アラブ文化・文学研究）によれば、「飲食は左手でしてはいけない」という記述は、預言者ムハンマド（マホメット）の言行録ハディースにあるという。そして、武田氏はアラブ・ムスリムの日常を次のように観察している。

「飲食は右手」は、ほとんどの人が意識しかつ実行している。……広いアラブの中では、食文化にも当然地域のバラエティがあるが、一般には主食の丸くて平べったいパンを一口大に切って、それでおかずの料理や野菜やヨーグルトなどを上手にしゃくったり、ちぎりとったり、塗ったりして右手だけでうまく食べてしまう。

骨付き料理が出されると、右手と口を使ったり、隣の人の助けを求めて二人の右手を使ったりして骨を外すという報告もある。右手使用はどこまで厳格に守られているのか、観察は続く。

都市部や湾岸諸国などではけっこう普及しているアメリカ式のハンバーガーを、両手でむしゃむしゃ食べている人もよく見かけた。……利き手が左手の人はどうなるだろうか。食事だけは右手でするように直し、その他ペンをもったりするのは左のままという例は見たことも聞いたこともあるが、中には左利きの子どもはまったく矯正しない家族もあると聞く。文献の中には、左利きの人間は不吉だと見られるという記述もあるが、少なくとも現代のアラブで左利きの人をネガティブに見ることは一般的ではない。

（以上、「アラブ・ムスリムの右と左」『化粧文化』第三五号、ポーラ文化研究所、一九九六）

右尊左卑のよりどころを、イスラム教の聖典クルアーン（コーラン）に探す。記述の中に確かに右優越が認められる。

たとえば、最後の審判の場面。人々には、現世での行いをすべて記録した帳簿が、左右どちらかの手に渡される。善行の人は右手に渡され天国へ、悪事を行った人は左手に渡され地獄へと向かう――。

己《おの》が帳簿を右の手に渡された者は（嬉しさのあまり）言うだろう、「さあ、みなさん手に取って読んで下さい。このわしの帳簿。なあに、いずれは自分の決算にお目にかかると思っていたよ」と。そしてまあ、今度の生活のなんとも言えぬ心持《ここち》よさ。……これに反して、帳簿を左手に渡された者どもは、きっとこう言うことであろう、「ああ、情けない、こんな帳簿など貰わぬ方がましだった。自分の決算など知らぬ方がましだった。ああ、いっそ何もかも終りになってしまえばいいに。山なす財産もついにものの役には立たなかったか。かつてのわしの威勢は消え去ったか」と（六九章）。

清く正しく美しく――勧善懲悪の見本のようなくだりである。

審判で地獄に行くことになった者たちは、自分たちを誘惑した連中に向かって恨みがましくこう言う。
「あなた方右側から来なすったもんだから」（三七章）
右側は縁起がいいので得になると思って、ついて行ってしまった、というのである。責任を転嫁したところで、いまさら事態が好転するわけでもないのに……。
天国に暮らす人たちを「右組」、地獄で苦しむ人たちを「左組」と表す場面もある。

次に右組の人々、これはどうかと言うに、刺なしの滻木と下から上までぎっしり実のなったタルフの木の間に（住んで）、長々と伸びた木蔭に、流れてやまぬ水の間に、豊富な果物が絶えることなく、取り放題。……次に左組の人々、これはどうかと言うに、熱風と熱湯を浴び、黒煙濛々と頭上を蔽う……（五六章）。（以上、井筒俊彦訳『コーラン（下）』（岩波文庫、一九六四）

さらに、ハディースやシーラ（伝記）にも右の優越が随所にみられる。

ムハンマドは何事にも右側を好み、「礼拝前のウドゥー（清め）は右手に水を受けて口をすすぎ、手足は右側から清めた」「靴を履くのは右足からで脱ぐのは左足から」「髪を刈るのも頭の右側から」「寝るときは右側を下にしていた」などと記されている（武田、一九九六）。

こうした右優越はムスリムの儀礼に忠実に受け継がれている。モスク（イスラム寺院）には右足から入り、左足から出る。ウドゥーでは右肘、左肘の順に洗い、足を洗うときも右足から始めてその後、左足。左右の順序を間違えることはないという。礼拝の最後の祈りは「アッサラーム・アライクム（あな

た の上に平安と神の恩恵がありますように)」と唱えながら首を右、左の順に振る。

この首を振る動作について、イスラム文化に詳しい片倉もとこ氏(一九九一)は「右どなり、左どなりで礼拝をしている人にあいさつをする意味があるのだという人もいる。右の肩には、その人のした善行を記録している天使がいて、左の肩には悪行を記録する天使がいるのだと解釈している人もいる。それで、両方の天使にあいさつをするのだという」と述べている。

敬虔なムスリムは普段、靴を履くときや何かをまたぐときも右足から出す(田中四郎、一九九二)。入り口で入る順を譲り合うようなときは「右側にいるあなたからお入り下さい」などと声をかけ、右側の者を優先させることもある(武田、一九九六)。

イスラムではなぜ右優越なのか。武田氏(一九九六)によると、その理由はクルアーンには書かれていない。また、「飲食は右手」についても「左手が不浄だから」という記述はハディースのどこにもないといわれる。そこで、①イスラム以前のアラブの習慣であった、②ユダヤ教やキリスト教の影響を受けた、③右手利きが多いという身体的特徴に基づく――などの説があるという。

右足・右手の優先でひらめくのが、ヨーロッパでの手足をめぐる慣習・俗信(第六章一節参照)。古代ギリシャ・ローマからつづく右優位は少なからず、アラブ世界に影響を与えたはずである。

4 時代で変わる左右の尊卑……中国

左右を言う場合、やまと言葉では一般に「みぎ・ひだり」だ。短い二音節を先に、長い三音節を後に発音したほうが耳にすんなり入る。座りがいい。逆だと何だか落ち着かない。同様に東西は「にし・ひがし」、表裏は「うら・おもて」。ところが、漢語では左を先にして「左右」と言う。

中国では左右を使った四字熟語についても通常、左を先にもってくる。たとえば、「左顧右眄《さこうべん》」。日本では「右顧左眄《うこさべん》」と言う人が多いはずで、その意味は「周囲の様子を窺《うかが》ってばかりで決断できない様子」。しかし、中国の左顧右眄は「左右を見渡す」という意味で使われていて、否定的なニュアンスはない。見渡すことが、あちこちに気を配ると捉《とら》えられ、やがて優柔不断という意味に変化したのかもしれない。

左を先にするほかの例としては、左思右想（あれこれと思案する）、左歩右騎《さほゆうき》（左方に備えた歩兵と右方に備えた騎兵）、左輔右弼《さほゆうひつ》（天子の前から助ける人は疑、後は丞、左は輔、右は弼という。つまり、天子を左右から補佐する意）、左来右去《さらいゆうきょ》（行ったり来たりする。相談する）などがある。右往左往は例外かと思いきや、どうやら和製の熟語らしい。

このような言葉の並びからすると中国は一見、左上位のように思われる。しかし、左愚《さぐ》（左は愚か）、左計《さけい》（しくじり）、左言《さげん》・左語《さご》（夷狄《いてき》の言葉）、左衽《さじん》（襟を左前にする。野蛮な人の衣服の着方）、左削《さそく》（官職を罷免《ひめん》される）などと、左をさげすむ語も目立つ。

中国では左右のどちらを優位と考えているのか。その尊卑観はじつにめまぐるしい変遷を重ねてきた。*夏《か》・殷《いん》・周・春秋時代は左を上位としていた、という。春秋末期ごろの古典『老子』には次のように記されている。

君子居れば則ち左を貴《たっと》ぶ。兵を用うれば則ち右を貴ぶ。……吉事には左を尚《たっと》び、凶事には右を尚ぶ。偏《へん》将軍は左に居り、上将軍は右に居る。

つまり、貴人たちはふだんの平和な生活では左を上席とし、戦時には右を上席とする。祝い事には左を上席とし、葬礼には右を上席とする。また、副将軍は左に位置し、上将軍は右に位置する。これは戦いに勝った場合、多くの人を殺しているので、葬礼に従って右を上席とするからである。

その後、下剋上の戦国時代を迎えると、右尊左卑に変わる。力こそが社会秩序の基底をなしたためである（三浦徹明、一九九五）。力の強い右はいわば「武」のシンボルなのだ。この右を尊重する考え方は秦・漢に引き継がれた。当時は、丞相《じょうしょう》と呼ばれた二人の宰相（総理大臣）のうち、右丞相《うじょうしょう》のほうが左丞相《さじょうしょう》よりも上位だったという。漢代は第一夫人を右夫人《ゆうふじん》という一方で、第二夫人を左夫人《さふじん》と呼んだ。

戦国時代から漢代にかけて左右をめぐる、なじみの成語も誕生した。一例が「右に出る」。出典は前漢の司馬遷が著した『史記』である。上位に出ることを指し、一般には「右に出るものはない」という使い方をする。ほかに「左官《さかん》」。内官（宮中に奉仕する官吏）に対して、地方の諸侯に仕える役人たち（地方官）をこう呼んだ。そして内官から地方官に下げたり、官職を低くしたりすることを「左遷」あるいは「左降《さこう》」と言った。「正しくない道」を指す語「左道《さどう》」も戦国以降に生まれた。このころの「左」という語には亜流・傍流というニュアンスが漂う。

広島大学外国語教育研究センター教授で北京出身の李国棟氏によると、中国ではいまも「旁門《ぼうもん》左道」という言葉をよく使うという。「正統ではない」という意味である。

左道といえば、左道密教という言葉もある。密教徒の一部が、性力重視のタントラ教（ヒンドゥー教の一派）の影響を受けて成立させたもので、邪教の扱いを受けた。

三国時代に入り、「文」の道を奨励した魏の文帝によって、それまでの右尊が左尊右卑に変えられた。以降、南北朝・隋・唐・宋までは左上位。左右の丞相のうち、左丞相が右丞相よりも上位とされた。隋・唐の時代、日本は律令国家建設のため、遣唐使などを派遣して中国の制度を導入していた。その中国が左上位。そこで日本でも左大臣が右大臣よりも上位とされた。

元の時代はモンゴル族の右尊左卑が持ち込まれて、再び逆転。右丞相が左丞相より上位だった。その後の明で左尊右卑に復し、清もこれを引き継ぐ。

圧倒的に多い右利きを背景に、右尊左卑の考え方は古くから世界に遍《あまね》く広がっていた。日本をも巻き込んだ左尊右卑の観念は東アジアに特殊な文化現象で、世界史的にはむしろ例外に属する、と三浦徹明氏（一九九五）は指摘している。

＊道教の研究者、福永光司氏（一九九六）は、左右の尊卑を時代の変遷ではなく、地域による違いとして捉《とら》えた。中国を南北に分け、北方の「馬」の文化では右を左よりも上位とし、南方の「船」の文化では左を右よりも上位とするという。

第七章◉もっと探検

1 地名を歩く

京都市には左右一対の区名がある。東の左京区と西の右京区だ。ＪＲ京都駅を背にして北に向くと右手に左京区、左手には右京区という位置関係になる。これでは辻褄が合わない。左右の基準は平安京の北端中央にあった内裏《だいり》（御所）である。内裏で南面する天皇の立場から見て、街の中心を通る朱雀《すざく》大路の左側（東）が左京、右側（西）が右京と名づけられた。平安京では唐の首都・副都の制にならい、右京を長安城、左京を洛陽城と呼んでいた。ところが、右京は湿潤の地で住む環境としては好ましくなかったため衰退、文字どおり京の田舎に……。やがて、住みやすい左京が都の中心となる。こうした経緯で京都の別の呼び名「洛陽」が浸透し、洛中洛外や洛南、上洛などという言い回しも広まっていく。

全国には、右や左の文字を冠した珍しい読み方の地名がある。それぞれについて辞典から引用・列挙する。なお、市町村名は刊行当時のままとした。

平城宮の朱雀門（1998年に復元）　ここから南の羅城門《らじょうもん》に向かって幅75m，全長4kmの朱雀大路が延びていた。大路の東が左京，西が右京である

《右》右山《うやま》（高知県中村市）、右手《うて》（岡山県勝田町）、右代《うしろ》（福島県霊山町）、右左口《うばぐち》（山梨県中道町）、右城《うしろ》（福島県伊達町、同県梁川町）、右籾《みぎもみ》（茨城県土浦市）、右馬寮《うまりょう》（京都市中京区）

《左》左入《さにゅう》（東京都八王子市）、左手子《さでこ》（秋田県雄和町）、左右《そう》（福井県越前町、長野県信州新町）、左右山（そうやま＝徳島県神山町、そやま＝高知県南国市）、左右内《そうち》（徳島県神山町）、左右水《そうず》（愛媛県御荘町）、左右知《そうち》（大分県清川村）、左足《こえだて》（宮城県築館町）、左沢《あてらざわ》（山形県大江町）、左近（さこ＝鳥取県福部村、さこん＝新潟県長岡市）、左近山（さこやま＝兵庫県養父町、さこんやま＝横浜市旭区）、左底《さそこ》（長崎県時津町）、左草《さそう》（岩手県湯田町）、左通《さどおり》（福島県檜枝岐村）、左馬松《さままつ》（京都市上京区）、左曽《さそ》（奈良県吉野町）、左礫《ひだりつぶて》（石川県鳥越村）、左鐙《さぶみ》（島根県日原町）

（楠原佑介編『難読・異読地名辞典』東京堂出版、一九九九）

多彩な左右地名に、それぞれの風土への興味が湧いてくる。

左右水からは、里の添水《そうず》（ししおどし）の、空に高く抜ける音が浮かぶ。左近はなんだろう。水流を利用した米搗《つ》き装置や水車を南九州などで「左近太郎《さこんたろう》」と呼んでいる。左近はおそらく迫が転じたもの。谷間にあって身を粉にして働きつづける——その甲斐甲斐しさと親愛の情から擬人名が与えられたのだろう。各地の左近地名は「たろう」の奮闘を彷彿《ほうふつ》させる。

左右二つの文字を使って「そう」と読ませる地名が目立つ。各地で、知らせや便りを「そう」といい、同様に「左右」の字をあててきた。よい便り、吉報は「吉左右《きっそう》」という。「そう」地名は土地のどんな履歴を知らせてくれるのだろう。

左鐙の集落（島根県津和野町）

左鐙小学校

島根県の左鐙（現・津和野町）には二〇〇六年秋、立ち寄った。益田市に向かって車で北上していたところ、偶然、道路標識にこの地名を見つけたのである。脇道に入って進むと、ほどなく集落が現れた。庭先で会話をしていた主婦二人に、地名の由来を尋ねた。「むかし、どこかの殿様が馬で通りかかり、左の鐙を落としたといいます」。その晩、益田の地域おこしのグループにも同じ質問をした。「落としたのは安徳天皇を奉じた平家の落ち武者だそうですよ」。その後、地名辞典を見ると、落ちのびる平家一門がこの地を通りかかったとき、左の鐙が道端の胡瓜《きゅうり》の垣にからまって落ちた、とあった。これは民間に伝わる「語源俗解」の類かもしれないが、歴史をにじませた由来譚は土地の趣を醸し出す。

「左」地名の中でも左沢は難読で、つとに有名。JRの左沢駅があり、鉄道ファンの間でも知られている。アテラ……そのふしぎな響きは学究の心を捉《とら》えてきた。

柳田国男（民俗学）は昭和一一年（一九三六）に『地名の研究』を刊行し「アテラ」の項を立てて論じた。柳田によると、アテは陰地または日陰の意味で、ラは名詞を確定する語尾。他県のアテラ地名として阿寺沢、安寺沢なども挙げた。また、山梨県のある村で大工がアテと呼ぶのは、樹木の日陰に向かった側面だと述べている。

昭和二六年（一九五一）、東條操編で初版が発行された『全国方言辞典』（東京堂出版）でも、アテの第一義を「樹木の日の当らない方の側」とし、東京都西多摩郡檜原や和歌山県日高郡、徳島県祖谷ではアテをその意味で使う、と記している。

JR 左沢駅（山形県大江町）

左沢駅は JR 左沢線の終着駅

では、なぜアテラに左の字をあてたのか。丹羽基二『日本の苗字読み解き事典』（柏書房、一九九四）では次のように説く。

　木こりは、アテ（日陰に当たる木の部分）にまず斧《おの》を入れ、日向《ひむか》のほうからのこぎりで切ってゆく。それゆえ、きこり側から見れば、アテは必ず左側になる。

大江町の左沢に関しては、日陰由来のほかにも諸説が出されている。

①最上川上流から見て右方を「こちら」、左方を「あちら」と分け、左の沢を指す。

②寒河江《さがえ》城主大江氏が長岡山に登り、西方の山谷を指して「あちの沢」と呼んだことから、あてら沢になり、左の字をあてた。

③アイヌ語のあっちゃけ（対岸）の意からきたもので、最上川の対岸の位置を表す。（平凡社地方資料センター編『山形県の地名―日本歴史地名大系第六巻』平凡社、一九九〇）

左沢の地名は山形県内に一〇か所あるという（山中襄太、一九六八）。左岸の左沢に対して、右岸の右沢はコチラサワ・カテラサワと読む。

地元・大江町史編さん事務局の村上宗紀氏は、安彦好重著『山形県の地名伝説』(歴史図書社、一九七九)を引きながら、次のように整理してくれた。

「最上川の右岸にも左沢は見られます(例・山形市青野左沢、尾花沢市玉野左沢)。一方、左岸に右沢の地名もあります(例・朝日町大谷右沢《かてらさわ》)。となると、最上川上流の視点だけでは説明しきれません。また、大江町左沢は最上川北岸にあって南面し、日当たりがよい土地で日陰の語意は当てはまりません。ヒバ(アスナロ)をアテと呼ぶ地方があるので、アテの育つ沢という見方もあります。ただ、町民はそれぞれの説に興味を抱き、ふるさとの地名にロマンを感じているようです」

左右に関する地名は海外にもある。インドの高原デカン(Deccan)。この地名は古代インド・サンスクリットのダクシナ・パトハ(右の道、右手)が転訛《てんか》したものだ。ダクシナは「右」のほかに「南」をも意味しており、亜大陸南部に広がるこの台地の地名となった(牧英夫、一九八〇)。

宮元啓一氏(一九八五)によると、サンスクリットでは「前」と「東」、「後」と「西」、「左」と「北」も同じ語で表される。つまり、東を向いたときの前後左右がそのまま東西北南とされた。それでは、なぜ東向きを「前」としたのか。宮元氏は次の仮説を示す。

一つはサンスクリットの担い手だったアーリア人が太陽、特に朝日を崇拝する民族だったから、という説。もう一つはアーリア人がその昔、ガンジス川に沿い、森を切り拓《ひら》きながら東進したと考える。その民族的体験に基づき、東を前、右を南とする語の用法が生まれたのだという。

アラビア半島南西部に「アラビア・フェリックス」(幸福のアラビア)と呼ばれてきた国、イエメンがある。牧英夫氏（一九八九）によると、イエメンはアラビア語アル・ヤマン（右）のヤマンを英語化したもの。イスラム教の聖地メッカのカアバ神殿に向かって立つと、顔は東方に面し、右手にはアラビア半島南部が広がる。そこで古くはメッカ以南をすべてアル・ヤマンと呼んでいたが、その後、南西部のこの地方だけを指す地名となったという。

「幸福のアラビア」の由来がふるっている。アラビアでは右手が左手よりも優れているとされ、イエメンを指す「右」という語は「幸福の」という意味も伴う。そこで、アラビア・フェリックスと訳されたという説がある（田尻敦子・木下徹・小島隆矢、一九九八）。

左右をめぐる東奔西走の旅も楽しからずや……。

2　左膳と甚五郎……名前のなかの左

明治五年（一八七二）五月七日、政府が人名に関する太政官布告を出した。

「従来通称名乗両様相用来候輩自今一名タルベキ事」

それまで士分以上の男たちは、すべて通称（呼び名）と実名《じつみょう》（名乗《なのり》）という複数の名前を使っていたが、「どちらか一つにしなさい」というのである。この人名単一化の通達により、大久保一蔵利通《としみち》や西郷吉之助隆盛は通称を捨てて実名をとり、板垣退助正形《まさかた》は逆に実名を捨てて通称を残した。

実名は元服のときにつけられた本名であり、訓でよむ。多くは隆盛のように漢字二字から成っているので、「二字《にじ》」とも呼ばれた。しかし、実名は本人の魂に相当するもので本人が文書に署名する際に使用し、他人は使うことを憚《はばか》った（実名敬避の習俗）。そこで他人が呼ぶ名前として使われたのが、通称である。このため、名前を二つ併せもつことになった。なお、通称は音読みが多い。

通称の基本的な命名法は二つある。一つは排行《はいこう》（輩行）名で、太郎・次郎・三郎のように兄弟順に従ってつけるタイプ。たとえば源九郎義経である。代表的な姓である源・平・藤（藤原）・橘を加えて源太郎や平八郎、藤十郎などといった名もつけた。あるいは父や同族と区別するため、小・又・弥を添えて小次郎や弥太郎などと名付けた。もう一つは百官名といって、律令時代の官職名をつける方法だ。主税《ちから》や主計《かずえ》、主水《もんど》、木工《もく》、掃部《かもん》、監物《けんもつ》、兵部《ひょうぶ》などがこれにあたる。ほかに官庁の次官名（輔《すけ》・亮《すけ》・助《すけ》・弼《すけ》・佐《すけ》）などがある。討ち入りで知られる大石内蔵助《くらのすけ》良雄は中務省《なかつかさしょう》内蔵寮《くらりょう》の助（次官）という意味だ。内蔵助に限らず、赤穂義士の通称は百官名がたいへん多い。息子の大石主税良金《よしかね》がそうだ。四十七士の中から、左あるいは右の漢字が使われた通称をいくつか挙げる。

吉田忠左衛門兼亮《かねすけ》、原惣右衛門元辰《もととき》、片岡源五右衛門高房、磯貝十郎左衛門正久、富森《とみのもり》助右衛門正因《まさより》、不破数右衛門正種《まさたね》、岡野金右衛門包秀《かねひで》、矢頭右衛門七《えもしち》教兼《のりかね》

調べてみると、左右のいずれかを用いた通称は、その基本型がすべて左衛門《さえもん》ないし右衛門《うえもん》であった。合わせて二〇人にも及ぶ。

衛門府《えもんふ》は大内裏《だいだいり》の諸門を警護する役所であり、左右に分かれていた。左衛門と右衛門はそれぞれ左右の衛門府の役人という意味である。平安時代は左右一対を理想とする考えが強く、近衛府《このえふ》や兵衛府《ひょうえふ》、馬《め》寮《りょう》、京職《きょうしき》などの役所も左右に分立していた。左近・右近、左兵衛《さひょうえ》・右兵衛《うひょうえ》、左馬助《さまのすけ》・右馬助《うまのすけ》、左京・右京などといった通称は、平安の昔の官職名に由来する。

江戸時代の名工で庶民のヒーローといえば左甚五郎。右腕を斬られたものの左腕一本で名作を残したことから、そう呼ばれたとも、左利きなので「左」と名乗ったとも、あるいは飛騨の匠《たくみ》だったので飛騨が転じて左になったともいわれる。正体がはっきりせず、実在説と架空説が交錯するが、日光東照宮の眠り猫をはじめ、各地に甚五郎の作と伝えられる彫刻がある。伝説では、甚五郎の作品は木彫りの虎や馬、鶴が夜な夜な田畑に出没しては作物を荒らしたり、柱に彫った龍が水を呑みに出かけたりする。

上野東照宮の唐門（東京都台東区）。慶安4年（1651）築。門柱の両側に昇り竜と降り龍の彫刻。左甚五郎の作と伝わる

甚五郎作は全国で約一〇〇か所もあるという。これらをすべて、一人の名人が仕上げたとは到底考えられない。腕のいい大工たちの作品群が、甚五郎という名うての職人ひとりに集約されたのだろう。

それにしても、仮に「右甚五郎」であれば、これほどの謎めいた伝説は生まれなかったはずだ。左手利きは少数派で、ともすれば「矯正」の名のもとに右手の使用を強要されたりもする。しかし一方で、右利きにとって器用に左手を使いこなす人は驚嘆に値する。そこにはおそらく畏敬の念も……。「右」の凡庸に対して、「左」という語には研ぎ澄まされた才気が秘められている。その感覚が庶民の間に甚五郎の物語を紡いできたといえよう。

時代劇のヒーロー、丹下左膳は隻眼・隻腕である。剣に生きるものとして、どうみても不利だ。ところが、滅法強い。原作者・林不忘《ふぼう》は、主役の異能を際立たせるため、あえて左眼・左腕としたのだろう。ファンはアウトローの縦横無尽の活躍に溜飲《りゅういん》を下げる。

銀幕の世界では、飄々《ひょうひょう》とした味が印象に残る左卜全《ぼくぜん》（本名・三ケ島《みかじま》一郎）や演技派女優として活躍した左幸子《さちこ》（本名・額村幸子《ぬかむらさちこ》）の名が浮かぶ。芸名に左を冠した例はあっても、右一字は寡聞にして知らない。そこには、左甚五郎へのあやかりがあるかもしれないが、希有《けう》な存在感を漂わせる「左」は、非凡な才能をアピールする役者にふさわしい。

3 なぜか、顔は左向き

……肖像

紙幣、いわゆるお札にはしばしば人物の肖像が描かれる。狙いは、偽造防止のほか、券面の美的効果や人物に対する再認識と親近感の醸成、ときの指導者の権力誇示などがある。

日本の紙幣に本格的な肖像が初めて登場したのは明治一四年（一八八一）のこと。明治政府が発行した一円券に神功《じんぐう》皇后が描かれた。そして二〇〇四年一一月、樋口一葉《ひぐちいちよう》が五千円札に新たに登場した。紙幣の肖像に女性が採用されるのは神功皇后以来二人目、日本銀行券では初の女性とあって話題となった。

板垣退助《いたがきたいすけ》、伊藤博文《いとうひろぶみ》、福沢諭吉《ふくざわゆきち》、新渡戸稲造《にとべいなぞう》、夏目漱石《なつめそうせき》、樋口一葉……。日本の紙幣の肖像を思い浮かべると、そこには共通性があることに気づく。肖像は決まって右側に描かれていて左を向いている。千円札の野口英世も右配置で、顔は正面に近いが、どちらかといえば左向き。肖像を中央に配した例として、昭和三二年（一九五七）に発行されたC五千円券の聖徳太子像などはあるが、これらも右向きだ。

ただ一度だけ、日本の紙幣で左側に肖像が配置されたことがある。大正四年（一九一五）発行の乙《おつ》一〇円券。和気清麻呂《わけのきよまろ》の肖像が左に配され、右向きに描かれた。そこで、愛称を「左和気」という。しかし、銀行などでお札を勘定する際、肖像のほうを上にして数える習慣があったので、このお札だけ方向が逆になり不便だ、という声が寄せられ、それ以降、左配置・右向きの図柄は採用されなくなった、と紙幣研究家・植村峻氏が著書『お札の文化史』（NTT出版、一九九四）で述べている。

また、植村氏は海外のお札の肖像配置も調べ、同じ本に記している。その中から抜粋する。

《右配置・左向き》スウェーデン、デンマーク、スイス、フランス、ドイツ、英国、オーストリア、スペイン、トルコ、ハンガリー、カナダ、ペルー、タイ、韓国

《左配置・右向き》ノルウェー、ギリシャ、ブルガリア、インドネシア、フィリピン、台湾、旧ソ連

そのほか、米国の紙幣は中央に肖像が描かれ、ほとんどが右向き。さらに、ベルギーやポーランドは紙幣の識別のため、券種ごとに肖像を右配置、左配置と交互にしている。いずれにしても世界を見渡すと、紙幣の肖像は右配置・左向きが多数派なのだという。

人物の顔を左右どちらかに向けて描く場合、多くの人が左向きにする。それは実験でも確かめられている。加藤孝義氏（心理学）は一九七八年、幼稚園児から大学生までの九〇四人に対し、一枚の白紙に利き手（大部分は右利き）で自由に人の横顔を描くように求めた。すると、約八三％が左向きのプロフィール（横顔）を描いた。その割合は年齢とともに増加、小学五年生以降は平均値を上回って左向きに描く傾向がみられた（『空間感覚の心理学』新曜社、一九九七）。

なぜ左向きに描かれるのか、一般には利き手で説明される。右利きの手で筆を使う際、左から右に描くほうがやさしいので、絵に向かって左側には顔の先端の鼻が、右側には後頭部が描かれる、というのである。しかし、加藤氏は別の調査から「人のプロフィールは左右の手にかかわりなく、やはり左向きに描かれる傾向がある」（前掲書）という。

紙幣の肖像を左向きに描いた場合、配置の左右でいえば右側が鉄則である。仮に肖像を左側に配置したとすると、鼻先が券面の端に触れるようで見苦しい。その人物の視線の前方がいかにも窮屈だ。右配置にすれば、券面の構図がゆったりしていて落ち着く。

左向きの絵が多い背景として、人やモノを見る場合、イラストレーター長尾みのる氏（一九九九）は、わたしたちの視線を左から右に動かす癖があるのだ。人の横顔も後頭部からではなく、目や鼻、口などから見ていく。したがって、左側に顔の前面を描くほうが見やすいといえる。左向きの描写は人物に限らない。バスや動物、鉄砲なども横向きであれば、先端部分を左側に描く。

知り合いの写真家がこんなことを話してくれた。「ポートレートをたくさん撮ってきたが、男女とも左向きの顔のほうが圧倒的に整っていて美しい。右向きのほうがいいと思うのは数少ない」。そういえば、週刊誌の表紙やブロマイドの女優も左顔を見せているケースが比較的多いようだ。

「左顔の美」にはどんな謎が隠されているのだろうか。

右手利きの人の多くは利き顎《あご》も右である。右手で食物を取り、口の右側に運ぶ。そして、おおむね右側の歯で噛《か》む。こうした右片噛みは右頬《ほお》の咬筋《こうきん》や右顎《あご》の骨を発達させて右顔をたくましくする。一方、使うことの少ない、顔の左側はやさしい表情を印象づける（『週刊朝日』一九九〇年五月二五日号）。

体の左半分を支配する右脳が喜怒哀楽の感情をつかさどっていることから、豊かな表情は顔の左側に出るともいう。顔面の表情を調べている人類学者・香原志勢氏（一九七五）は「右眼つぶりより左眼つぶりが上手な者の方が多い。つまり利き顔は左利きの方が多い」と述べている。

肖像の左向きには、「利き顔」の魅力も大いにあずかっているといえそうだ。

4 動物ウォッチング

人間をはじめ多くの動物は、外形が左右対称である。哺乳類、鳥類、爬虫類、両生類、魚類、そして昆虫類……。なぜ左右対称なのか。その理由は動物の本質が移動することにあるからだ、と香原志勢氏（一九九六）は指摘する。移動は直進がもっとも効率的。それには、体の左右の運動を等量働かせる左右対称形がふさわしいという。

ところが、自然界には左右対称ではない例も多く見られる。

左右非対称の典型がらせん形。動物のらせん形では、巻貝がよく知られている。その巻貝は右巻きが圧倒的に多い。日本のカタツムリ（陸にすむ代表的巻貝）もほとんどが右巻きだ。殻の先端（殻頂）を上にして巻貝を立て、殻の口を手前に向けたとき、その口が右側にあれば右巻き、左側にあれば左巻きである。

カタツムリのらせんの方向は、母親の一つの遺伝子によって決められていて、右巻きになるようなものが優性だ、と柳澤桂子氏（生命科学）は『左右を決める遺伝子』（講談社、一九九七）で述べている。そして、次のように続ける。

左巻きのカタツムリの受精卵に右巻きのカタツムリの受精卵からとった少量の細胞質を注入すると、このカタツムリは右巻きになる。ところが、左巻きのカタツムリの細胞質を右巻きのカタツムリに入れても変化はみられない。

この実験結果は、右巻きのカタツムリの受精卵の細胞質のなかに胚を右巻きにする物質がふくまれていることを示している。

巻貝の中には左巻きもいる。キセルガイ科（陸産）やキリオレガイ科（海産）、サカマキガイ科（淡水産）は二～三の例外をのぞいてすべて左巻きだ（波部忠重、一九九一）。また、右巻き・左巻きが半々という種類がいるし、殻は右巻き（左巻き）なのに中身の軟体が左巻き（右巻き）という貝もみられる。貝のらせんは卵子の分割面の偏りによってできる。偏りのねじれが巻貝の巻き方を決める。現在、巻き方決定遺伝子の究明が進められている。

カニやエビなど甲殻類のはさみは、左右の大きさに違いがあることが知られている。たとえばヤドカリ。右のハサミが大きい種類と左が大きい種類に分かれる。北の海にすむヤドカリは例外なく右のハサミが大きい。逆に、南にすむヤドカリは左のはさみが大きい。なぜ、こうした違いがあるのか、よく分かっていない。食用ガニとして著名なタラバガニはカニではなく、ヤドカリの仲間だ。しかも、分布は北の海。そこで、そのハサミは右側が大きい。つまり、タラバガニは右利きである（大場秀章ほか、二〇〇三）。

カニのうち、シオマネキの雄は片方のハサミが著しく大きい。これで敵を脅したり、雌を招いたりする。一方、雌のハサミは左右対称で小さい。シオマネキのハサミの大小について、黒田玲子氏（生物物理化学）が『生命世界の非対称性』（中公新書、一九九二）で次のように説明している。

若いオスのハサミは二つとも大きく、オスも若い間は左右対称である。このハサミはトカゲの尾のようなもので、自切作用があり、切り離して敵から逃げることができる。失ったハサミは再生されるのだが、元のオス型の大きなハサミは再生されず、メス型の小さなハサミができてくる。こうしてハサミの大きさのアンバランスなオスのシオマネキとなる。したがって、左右どちらのハサミが大きいかは、全くの偶然の産物である。闘いに敗れ、大きなハサミを二つとも失ったオスは、可哀想に、二つとも小さなハサミとなってメスとの区別がつかなくなる。

干潟に繰り広げられる優勝劣敗の厳しい現実。それが非対称のハサミに象徴されているのである。

ヒラメもカレイも幼魚のときは両側に目がついていて左右対称。ところが、成長すると、砂に埋まるほうの目が反対側に移動し、左右の目が並ぶ。見分け方は「左ヒラメに右カレイ」。体の黒いほうを上にし、腹側を手前にして置いたとき、左側に目があるのがヒラメ、右側にあればカレイである。

ヒラメを例にして具体的に記すと、幼魚は泳ぐ力がさほどないため、垂直移動を繰り返しながら、上げ潮に乗って岸に近づく。すると、右側の目が頭の頂上に向かって、つまり左側へ移動し始める。そして、右側の目が頭の真上にきたころ、体の右側を海底側にして横たえる。しばらくすると、右目は完全に左側に移り、二つの目が体の左側に並ぶ（大場ほか、二〇〇三）。

しかし、右目のヒラメ・左目のカレイ（逆位という）もいる。たとえばヌマガレイ（カレイ科）。日本沿岸では一〇〇%、左に目がある。つまり、外見はヒラメ型。米国西海岸では左右が半々、アラスカでは七割が左側に目をもつ。目のつき方の違いには生息環境がかかわっているようだ。

ヒラメとカレイの違いは視神経の交差にある。ヒラメは右目（移動してくる目）から左脳につながる視神経が上になって交差するが、カレイは逆に左目の視神経が上になっている。「右ヒラメ」は、視神経の交差はそのままで、左目が右側に移動したため逆位になったものである（大場ほか、二〇〇三）。

クジラの仲間で北極海にすむイッカクの非対称は際立っている。雌雄とも歯は二本しかないが、このうち雄は成長とともに左の歯だけが長くなり、体長の半分に達して牙となる。しかも、この牙には溝と畝があって、根元から反時計方向の左巻きのらせんを描いている（重中義信、一九九五）。

ミミズクを含むフクロウの仲間は、耳が頬の上部にある。鳥には人間のような外耳（耳たぶのある、外に出ている部分）がなく、耳の穴は羽毛に覆われていて場所がよく分からないが、フクロウの耳は左右対称ではない。左耳と右耳は上下にずれがある。夜間、獲物（主にネズミ）の出す音を聴いて音源の正確な位置を割り出すには、音が時間差で左右の耳に入るほうが望ましいのだ。

動物の形態をめぐる左右には、野生における生存競争の一面を見る思いがする。

動物の左右非対称は外形にとどまらない。行動にも現れる。その中にはラテラリティー（一側《いっそく》優位性＝体にある左右対称的な器官のうちどちらかが優れていること、利き）の問題も含まれる。

原生動物のアメーバは水底を這いまわるとき、直線ではなく左右どちらかの方向に向かって弧を描きながら移動する。その割合は右方向が左の二倍である。また、回転しながら前進運動をするミドリムシは右回りと左回りの比が一〇〇対一で、ほとんどが右回りだという（重中、一九九五）。

ヘビのとぐろの巻き方はどうだろう。シマヘビとマムシをそれぞれ約五〇匹観察した結果では、どちらも右巻きと左巻きがほぼ半々で、しかも、途中で向きを変えるものもあって一定の傾向は見られなかった（前原勝矢、一九八九）。

鳴く虫にも〝右利き〟と〝左利き〟がいる。正木進三氏（昆虫学）がこう述べている。

今かりに右羽上位を「右利き」、左羽上位を「左利き」と呼ぶなら、コオロギは圧倒的に右利きなのです。左利きがいないわけではありませんが、（中略）例外的な存在です。日本列島には数十種のコオロギがいますが、どの種もみんな右利きなのです。ところが、コオロギの親類筋にあたるキリギリスの仲間では、左利きが絶対多数を占めています。（「右羽で鳴くコオロギのなぞ」『科学朝日』一九八五年一一月号特集・右と左―この不均衡な世界、朝日新聞社）

羽を詳しく見ると、上の羽の裏側にやすり器があり、下の羽の背にこすり器がある。鳴くときは左右の羽を立てたり浮かしたりして、擦り合わせることで音色を奏でる。

正木氏によれば、コオロギの左羽にも右羽と同じように、やすり器があるという。英国の生物学者が、イナカコオロギの左右の羽の重なりを逆にしてみたところ、鳴けることを確かめた。しかし、「右羽上」に比べると音量が相当落ちるため、元通りの重なりに自分で戻した。「やっぱりコオロギは右羽が上でないと、落ち着かないようです」（正木氏）

コオロギもキリギリスも鳴くのは雄。したがって、雌にはやすり器もこすり器もない。ところが、正木氏の調査では、コオロギ類のマダラスズやシバスズは雌の羽も右上が断然多数を占めた。コオロギの場合、「一般的には雌も右利きといえそうです」。そして、正木氏は前掲書で次のように推論する。

コオロギの右利きは、鳴かない雌にも鳴く雄にも共通した遺伝子の作用によって決められているようです

人間に近いチンパンジーにも利き手があるようだ。東京・多摩動物公園の観察記録を吉原耕一郎氏が報告している（「チンパンジーにも手の分業」『科学朝日』一九八五年一一月号特集・右と左―この不均衡な世界、朝日新聞社）。飼育しているチンパンジー一六頭の利き手を、①人工アリ塚に棒を突っ込む手、②クルミ割りのときハンマーを握る手、③物を投げる手――のそれぞれについて調べた。①では左手だけ使用は一頭、左手が主は九頭、右手が主は六頭。雄のチャーリーはいずれの行動にも左手だけを使っていた。メスのジュンやナナ、アップルのように右手を主に使用するものもいる。

雄のジョーは①では左手を主に使うが、③では決まって右手。ジョーは右手親指が捻挫《ねんざ》で曲がっているため、本来、右利きなのだが、細かい作業を要する①では右手が使いにくく、仕方なしに左手を使っている、と吉原氏は考える。そして、こう述べている。「ジョー以外は、使う方の手がほぼ決まっているようにみえる。どうやらチンパンジーたちにも利き手が存在していると考えてよさそうである」

動物のラテラリティーに関しては、犬がおしっこの際、右足・左足のどちらを上げるのか、といった卑近な例もある。ペットや昆虫など身近な動物の何気ない仕草《しぐさ》にも、左右のふしぎを発見する楽しみがある。

5 人体ウォッチング

脊椎動物のからだは原則として左右対称だが、進化につれて複雑になり、非対称の器官ができる。それが顕著にみられるのは消化管。人体では胃や十二指腸、空腸、回腸、結腸が屈曲していて著しく非対称だ（香原志勢、一九八〇）。これは消化機能を高めるため、消化管が胴の長さより数倍も長くなるからだという（香原、一九七五）。

肝臓は右に偏っている。この肝臓に押されて、からだの左右に一つずつある泌尿器、腎臓は右のほうが左よりもやや下に位置する（香原、一九八〇）。

循環器の心臓は左寄りにある。このため、その両側にある呼吸器の肺は左右の大きさが違う。吉岡郁夫氏（解剖学）の『人体の不思議』（講談社、一九八六）によると、右肺《うはい》は上葉《じょうよう》・中葉《ちゅうよう》・下葉《かよう》の三葉に分かれているが、左肺《さはい》は上葉・下葉の二葉だけで右肺より小さいという。右肺・左肺の容積比はほぼ八対七。そして左右の肺に入る気管支の長さは左のほうが長い。心臓が左寄りにあるため、左肺がからだの正中線《せいちゅうせん》から遠ざかるためである。したがって、気管支の傾斜は、短い右のほうが急である。

気管支の角度の違いは、次のような事故の頻度にも表れる。前掲書で吉岡氏はこう述べている。

「気管の中に、間違って異物が入ったとしよう。気管分岐部に達した異物は自然のなりゆきとして、急な坂道の方に転がりやすい。気管支異物の統計をみると、右側は左側の約二倍も多い」

男性の性器、睾丸《こうがん》（精巣）も左右非対称だ。一般に左のほうが右よりも低い位置にある。大島清氏（生殖生理学）によれば、その率は日本人で七五％、米国人で六五％だ（『性は生なり』講談社、一九九五）。

なぜ、左右の位置に違いがみられるのだろう。

胎児のとき睾丸は腹の中にあり、成育するにつれて次第に下降する。そして出生時には陰嚢《いんのう》におさまる。前原勝矢氏（一九八九）は、この睾丸下降の際、左のほうが早く移動を始めるために左側の睾丸が低位になるという。そして、これを左半身の発達が少し早い一例に挙げる。

大島氏の考えをどうか。前掲書で脳との関係を指摘。大半の人は右利き、つまり左脳優位であり、右の挙睾筋《きょこうきん》（睾丸を挙げる筋肉）を収縮させるので右の睾丸が吊り上がり、左側が相対的に下がった状態になるという。左右の脳に差のあることが睾丸の高さの左右差をつくり、歩いても走っても激しい運動をしても、睾丸同士が衝突しないようにできている、と述べている。

左右の睾丸が重なったりぶつかったりすれば、双方とも傷つく恐れがある。睾丸は精子の製造工場だから、これはゆゆしき一大事。左右差は、子孫を残すための「天の配剤」といえるのかもしれない。

ちなみに、ペニスと睾丸をズボンの右足・左足のどちらにおさめるのか、といえば、左側におさめる人が多い。これは左の睾丸のほうが下がっているためだ、といわれる。

香原志勢氏（人類学）は、全身の身ぶりや顔の表情にみられる左右対称・非対称について調べている。そして、その違いは心の状態の質的な差による、と考えた（『顔の本』講談社・一九八五、『ＮＨＫ市民大学・

身体の履歴書』日本放送出版協会・一九八六)。情緒的な心性の場合は「素直な心」がゆがみのない左右対称の形をとり、逆に意識的・意図的・作為的な精神状態の場合は「なにかをしてやろうという心」で左右非対称の形に表れるという。前掲の二冊の本から数例を挙げる。

【左右対称】

〈顔の表情〉歓喜、陶酔、安堵、心服、得意、恐怖、悲嘆、号泣、失望、疲労

〈身ぶり〉拍手喝采《かっさい》、勝利の万歳、大笑い、怒り心頭、平謝り

【左右非対称】

〈顔の表情〉意外、皮肉、嘲笑、苦笑、否定、批判、不審、意地悪、侮蔑《ぶべつ》、阿諛《あゆ》

〈身ぶり〉話を批判的に聴くとき片方の腕で頬杖を突く（からだを斜めにする）、いまいましげに片方の手で指を鳴らす、照れて片手で頭を掻く

宗教儀礼では徹底的に左右対称の形がとられる。神道で柏手《かしわで》を打つ、仏教で合掌する、キリスト教で両手を組む、イスラム教でひざまずき額《ぬか》づく――いずれも情緒的な心情に達していることを示すという(香原、一九八五)。

左右対称・左右非対称の表情は繰り返されることで、やがてその人の顔にしわを刻む。人間関係を穏やかに送る人や謹厳な人の顔には左右対称のしわ、生き馬の目を抜くような世界に生きた人の顔には非対称のしわが目立ってくる。しわの歪みをすべて左右非対称の表情に帰すことはできないが、「しわのあとをたずねることによって、その人物の心の遍歴の総和を読みとることができる」(香原、一九八五)。

意識的な表情に、片目をつぶるウインクや片眉上げがある。これらの表情運動も香原氏がつぶさに調

べている。その内容を記す。

学生を対象に、顔をしかめずに片目を完全につぶることができるかどうか調査したところ、米国の白人女性で半数以上が右目・左目とも上手にできた。一方、米国白人男性は右目四一％、左目二七％で女性より下手であった。日本人は男性で約三人に一人、女性で約四人に一人ができた。東南アジアの男性は日本人よりも下手だった（香原、一九九五）。また、成人男性を調べた結果では、アイヌは七割ができるが、和人（本土人）は四割であった（香原、一九九九）。

どちらか一方の眉だけを上げられる片眉上げは人種差がはっきりしている。米国白人は男性で五〇％、女性で四二％ができる。ところが、中国人は男性一一％、女性一九％、東南アジア人の男性九％、日本人（和人）は男性二七％、女性一二％。このデータからは、日本人を含むアジア人（モンゴロイド）は米国白人（コーカソイド）に比べて片眉上げが下手といえる。なお、片目つぶりの上手なアイヌは片眉上げもほとんどの人が巧みにできる（香原、一九九九）。

口の周辺など下顔部の表情筋を動かす顔面神経は、その中枢が反対側の大脳にある。このように右脳は左側のからだの動きを、左脳は右側のからだの動きをつかさどることを片側（異側）支配と呼ぶ。これにより、舌・口・あごは左右非対称の動きがたやすくできる。もしも、非対称の動きができなければ、食べ物を噛み砕くという生命維持の行為に大きな差し障りが出るだろう。一方、眉や目などの上顔部は、反対側のほか同じ側の大脳にも中枢があり、片側の大脳の命令が両側の筋肉に伝わる（両側支配）。このため上顔部は非対称運動がむずかしい。しかし、それができないからといって、生存にかかわる重大事でもない（香原、一九九五・一九九九）。

香原氏（一九九五）は、この上顔部に関する顔面神経の支配性に人種差があると考え、こう述べている。「日本人を含むモンゴロイドは比較的、両側支配性の者が多いのであるが、コーカソイドやアイヌでは比較的片側（異側）支配的な要素が強いのであると憶測している」。両側支配優位か、それとも片側支配優位か――。その相違が、表情の人種差になって表れているとみる。

では、なぜ支配性がこうも違うのか。香原氏（一九九九）は推測する。「かつてモンゴロイドは、最後の氷期を酷寒の地で生き抜いてきたとされている。寒さを防ぐために、顔を衣類でおおうことも多かっただろう。顔の大部分をおおっていると、表情での意思伝達はむずかしい。また、あまりに寒いと顔の筋肉が硬直して、表情をつくることもむずかしいだろう。このような環境が、モンゴロイドにおいて顔面神経の異側支配性、そして表情の発達を阻んだのではないか」

片目つぶりも片眉上げも上手なアイヌは、「寒冷適応を経ていない」タイプのモンゴロイド（南方系アジア人）で、その顔は彫りが深く、多くは二重まぶた。一方の「寒冷適応した」モンゴロイド（北方系アジア人）は弥生時代以降、日本列島に大量渡来。混血を繰り返して、現代の本土に住む日本人を形成していった。その特徴は顔が平坦でまぶたは厚く一重。これは寒気にさらされる中、凍傷を防ぐために顔の突出部を少なくし、寒さに弱い眼球を守るため皮下脂肪を発達させた結果であり、いわば形態変化の痕跡といえる。

顔のかたちや表情ひとつから、遠い祖先が住んでいたはるか二〜三万年前の北アジアの凍原へと、思いはさかのぼる。

6 卍の来た道

津軽藩の軍配型馬印（レプリカ） 弘前城歴史史料館で展示。卍を弘前市は市章に採用

銅造の高岡大仏（富山県）と卍 昭和8年（1933）開眼。伝統の高岡銅器を象徴する大作

街のいたるところに卍（左回りのまんじ）のマークがある。観光の案内板に、マンホールの蓋《ふた》に……。卍は日本では寺の地図記号だ、と固く信じる石頭に戸惑いが広がる。

平成一一年（一九九九）の秋、わたしは青森県弘前市でそぞろ歩きを楽しんでいた。じきに卍が市章であることは分かったが、それにしても、なぜ卍なのか。謎解《なぞと》きの鍵《かぎ》は街歩きのあとに訪れた弘前城にあった。

城の歴史史料館で見たのは、津軽藩で使っていた軍配型の馬印（レプリカ）。そこに大きく卍のしるしが描かれている。津軽藩の軍勢の旗印や馬印が卍だったのでそれを市章に採用したという。さらに、卍そのものに功徳円満の意味があり、社会を良化しようとする精神が込められているのも理由の一つだった。

マンホールの蓋（弘前市）

弘前公園。市章の卍は市内の随所に見られる

制定は明治三三年（一九〇〇）で一世紀以上の歴史を有する。

津軽藩が卍を使用した理由について、弘前市教育委員会文化財保護課が藩祖・津軽為信にまつわる伝説を紹介してくれた。

「為信の夢に現れた岩木山に棲むという二体の神が、戦いの際には為信を守護し、勝利をもたらすことを約束。最後に自分たちの名前を『曼字《まんじ》』と『錫杖《しゃくじょう》』と名乗ったことから、以後、旗印に『卍』を、馬印に『錫杖』を用いることになったといいます」

ただし、展示史料に見るとおり、伝説とは別に馬印は錫杖型のほか軍配型もある。また卍は旗印以外にも使われていたのである。館内に卍紋を探すと、陣笠や鉄扇《てっせん》、空穂《うつぼ》（矢を入れる道具）、皮製鉄砲覆《おお》いなどにも施されている。おそらく、仏の加護のもと戦場に臨むという意思表示なのだろう。

卍は蜂須賀《はちすか》家の紋でもある。家紋に詳しい丹羽基二氏は『歴史と旅』一九八五年一二号（秋田書店）で、この由来は家祖・正勝《まさかつ》の仏教帰依にあるとし、およそ次のように述べている。

正勝が播磨国龍野《たつの》の愛宕《あたご》権現《ごんげん》に参詣した折、宿坊で霊夢を見る。権現はこう告げた。「汝に法螺《ほら》貝《がい》と卍紋を授ける。法螺貝は法を宣布するための貝、卍は仏法が四方に広まる形だ。以後、これを家のしるしとすれば、必ず栄える」

こうして蜂須賀家の旗印などに卍が用いられることとなった。丹羽氏は続ける。「戦場で、この印を見ると、敵兵は、ちょっとひるむらしい。これがつけ目かどうか知らぬが、呪符であることはまちがいない」

「まんじ」はヒンドゥー教ではヴィシュヌ神の胸にある旋毛の形で吉祥相《きっしょうそう》を表し、仏教でも仏陀の頭髪や胸、手のひら、足裏に現れた瑞祥《ずいしょう》として彫刻などに表される。日本へは仏教とともに伝わったという。聖なるしるしが呪符《じゅふ》・護符《ごふ》（お守り）として霊験を示すのは自然なことであった。

卍はやがてデザイン化され、その連鎖の文様「卍つなぎ」は現在、やきものや織物、調度品、歩道の敷石などに広く見られる。途切れない連鎖は「不断長久」を寓意し、吉祥を表す（岡泰正、二〇〇〇）。つまり、卍つなぎは大層めでたい文様なのである。

卍を日本では「まんじ（万字）」と読む。卍のしるしには「吉祥万徳が集まる」と中国で考えられ、万の字の代わりに卍が使われ始めたからだ。文字として採用されたのは唐の則天武后《そくてんぶこう》のとき（六九三年）だという。

英語では「クロス・オブ・ガンマディオン（ガンマ十字）」と呼ぶ。ギリシャ文字のガンマの大文字Γを四つ組み合わせた形に由来する。したがって、この場合は右回りのまんじが基本形として考えられている（永ノ尾信悟「右卐と左卍はどう違うのか」『二〇〇問一〇〇答・世界の民族（月刊みんぱく編集部編）』河出書房新社、一九九六）。

まんじには左回りの左まんじ（卍）と右回りの右まんじ（卐）がある。

南アジアの宗教文化に詳しい永ノ尾氏は前掲書で次のように述べている。

インドではまんじの総称として、「シュリーヴァトサ」という語がもちいられ、右回りのものを「スヴァスティカ」、左回りのものを「サウヴァスティカ」と名称的に区別している。そしてシンボルの内容としても、右回りのスヴァスティカは男性原理、光明、生命などをあらわし、さまざまなさまたげを除去するガネーシャ神に結びつけられ、左回りのサウヴァスティカは女性原理、夜、破壊を象徴し、破壊の女神カーリー女神に結びつくとされる。

すなわち、インドでは右まんじが正統とされている。そして、右＝男＝陽、左＝女＝陰という対応関係がみてとれる。

ヒンドゥー教徒は右まんじに限らず、右回りを吉・プラスの価値と捉《とら》える。一方、左回りを不吉・マイナスの価値とみなす。そこで、結婚式では新郎新婦が聖火を燃やす壇のまわりを右に回り、葬式のときは遺体のまわりを左に回る（山折哲雄、一九九六）。

チベットでは仏教は右まんじだが、在来のポン教は左まんじ。円筒形のマニ車を回す方向もそれぞれ右回し、左回しで、まんじの向きに対応している（第三章七節参照）。日本の場合はインドとは逆に左まんじが主流だ。これは中国の左上位の影響を受けたため、という説がある。なお、日本では左右のまんじに厳密な区別の意識はない。

右まんじで連想する禍々《まがまが》しい形がある。ナチスのシンボルマークだ。元は聖なる十字の変形、鉤《かぎ》十字（ハーケンクロイツ）。それを四五度回転させた。

まんじは日本、中国、インドのほか、ヨーロッパやアフリカ、北米・南米などに広く見られ（永ノ尾、一九九六）、しかも太古から用いられてきた。インダス文明の都市・モヘンジョダロ（前二五〇〇年ごろ～前一八〇〇年ごろ）や古代の都市国家・トロイア（前二六〇〇年ごろ～前一二〇〇年ごろ）の遺跡の出土品にも刻まれているという（丹羽基二、一九八〇）。

まんじの形は、太陽が光を放つ様子を表しているとも、渦巻きとも、四方位の表現ともいわれる。千田稔氏（歴史地理学）は『うずまきは語る』（福武書店、一九九一）で「もともとはインドで太陽の運行の表現としてうまれた」と述べている。そのうえで、右まんじが昼・光明を、左まんじが夜・破壊を表すと指摘。さらに、ヒンドゥー教の神々や仏陀の体にまんじが表されている理由を、こう考える。

「聖者の身体の中に光輝く渦があると信じられているからだ。仏像の螺髪《らほつ》が渦巻き模様をしているのも、仏の身体の中から現れ出た渦巻きのことなのだ」

卍の発祥地をめぐっては、インドのほか地中海沿岸とみる説がある。伝播《でんぱ》の立場をとらず各地で独立発生したとする研究者もいる。日本文化を研究する松岡正剛氏（一九八二）は、西アジアで生まれた×が、西に行って立ち上がり十字に、東に行って回転し卍になったとみる。洋の東西にわたる、転変のものがたりに想像が膨らむ。

民俗学者・柳田国男は昭和五年（一九一六）発表の「阿也都古考《あやつここう》」で、アヤツコ（初宮参りの新生児の額に紅・墨で×印などを書いて魔除けとする）とキリスト教の十字、仏教の卍との関連に触れ、「此方のアヤツコがもし詳しくわかったら、事によると遠い上代に溯って、意外な新らしい解釈が付くかも知れない」と述べている。

×の形はアヤツコ以外にも日本人の暮らしの細部に見られる。テストの×や封書の〆《しめ》、障子の引き手

枡形の「打込接《うちこみはぎ》」。卍が並ぶ珍しい風景

金沢城石川門の枡形。石垣に刻まれたしるしの中でも卍が目立つ

の×、神社の屋根の千木《ちぎ》、幼児の着物の襟首に縫う×、そして「エンガチョ」「ビビンチョ」などといってけがれの感染防止のため人さし指に中指を交差させるしぐさ……。古くは島根県・荒神谷《こうじんだに》遺跡出土の銅剣や同県・加茂岩倉遺跡出土の銅鐸に刻まれた×、奈良県・高松塚古墳壁画の青竜の首に描かれた×、軍旗の乳《ち》（竿《さお》を通すための小さな輪）に刺繍された×など、枚挙にいとまがない。×の意味については諸説あるが、多くは魔除けや侵入禁止と捉《とら》えられている。

近世城郭の石垣には×も卍も刻まれている。刻印に城の安泰を託したものと思われ、×と卍が通い合うことをうかがわせる。

卍が×に源を発したとすれば、先端に付いた鍵がポイントだろう。これによって右あるいは左への旋回が生まれ、跳梁跋扈《ちょうりょうばっこ》の魑魅魍魎《ちみもうりょう》を眩惑《げんわく》する。それでも侵入を試みる外敵は、鍵が捕えて排除する。卍は万全のセキュリティーだ。卍は結界のサインだったのではないか、と想像したりもする。

時代と地域を超えて受け継がれたしるしには底知れぬ力が潜んでいる。

主な引用・参考文献

【一―一】

深作光貞『「衣」の文化人類学』（ＰＨＰ研究所、一九八三）

藤堂明保・松本昭・竹田晃・加納喜光『漢字源―改訂第四版―』（学習研究社、二〇〇七）

佐原真『衣食住の考古学』（岩波書店、二〇〇五）

松本修身『「アベコベ」文化論』（学生社、一九九二）

井波律子『故事成句でたどる楽しい中国史』（岩波ジュニア新書、二〇〇四）

飛鳥資料館『萬葉乃衣食住』（関西プロセス、一九八七）

狩野直禎『「史記」の人物列伝』（学陽書房、一九九八）

文化出版局編『服飾辞典』（文化出版局、一九七九）

青木和夫・稲岡耕二・笹山晴生・白藤禮幸校注『続日本紀二』（新日本古典文学大系13、岩波書店、一九九〇）

小川安朗『民族服飾の生態』（東京書籍、一九七九）

朝日新聞社編『きもの文化史』（朝日新聞社、一九八六）

遠藤武「左前」『増補版・服装大百科事典　下巻（服装文化協会編）』（文化出版局、一九八三）

井筒雅風『原色日本服飾史』（光琳社出版、一九八九）

中森義宗・衛藤駿・永井信一『増補・美術における右と左』（中央大学出版部、一九九二）

【一―二】

丹野郁『西洋服飾史―増訂版―』（東京堂出版、一九九九）

小川安朗『民族服飾の生態』（東京書籍、一九七九）

デズモンド・モリス『マンウォッチング』（藤田統訳、小学館、一九八〇）

山口創『愛撫・人の心に触れる力』（ＮＨＫブックス、二〇〇三）

佐原真『美術館へ行こう　大昔の美に想う』（新潮社、一九九九）

【一―三】

大ギモン解明委員会『日本人の大疑問⑧』（平凡社、一九九五）

リビングデザインセンターＯＺＯＮＥ『日本人とすまい①靴脱ぎ』（光琳社出版、一九九六）

額田巖『ものと人間の文化史・包み』（法政大学出版局、一九七七）

伊勢貞丈『貞丈雑記３』（島田勇雄校注、平凡社東洋文庫、一九八五）

木村尚三郎『家族の時代—ヨーロッパと日本—』(新潮選書、一九八五)
下宮忠雄・金子貞雄・家村睦夫『スタンダード英語語源辞典』(大修館書店、一九八九)
浜本隆志『謎解き・アクセサリーが消えた日本史』(光文社新書、二〇〇四)
喜連川純「世界の国の結婚指輪のはめ方」『Tokyo Jewelers』Vol.20所収(柏書店松原、二〇〇〇年四月)
【コラム①】
高倉洋彰「右手の不使用—南海産巻貝製腕輪着装の意義—」『九州歴史資料館研究論集I』(一九七五年三月)
春成秀爾『歴史発掘4・古代の装い』(講談社、一九九七)
土井ヶ浜遺跡・人類学ミュージアム『土井ヶ浜遺跡と弥生人』(一九九三)
【I—四】
潮田鉄雄『ものと人間の文化史・はきもの』(法政大学出版局、一九七三)
潮田鉄雄『世界の木製はきもの』(日本はきもの博物館友の会、一九八三)
潮田鉄雄・市田京子『日本はきもの博物館』(広学図書、一九八六)
【I—五】
高田公理「日本におけるコーヒー飲用の一〇〇年」『日本の食・1〇〇年〈のむ〉(熊倉功夫・石毛直道編)』(ドメス出版、一九九六)
下田歌子『女子普通禮式』(博文館、一八九七)
NHK「クイズ日本人の質問」グループ編『NHKテレビクイズ日本人の質問②』(日本放送出版協会、一九九五)
【I—六】
森隆男「勝手」『日本民俗大辞典・上(福田アジオ・新谷尚紀ほか編)』(吉川弘文館、一九九九)
柳田国男『郷土生活の研究』(筑摩書房、一九六七)
鶴藤鹿忠「勝手」『縮刷版・日本民俗事典(大塚民俗学会編)』(弘文堂、一九九四)
坂本磐雄『沖縄の集落景観』(九州大学出版会、一九八九)
大河直躬『住まいの人類学』(平凡社、一九八六)
【I—七】
高橋康夫『建具のはなし』(鹿島出版会、一九八五)
小泉和子『家具』(近藤出版社、一九八〇)
稲葉和也・中山繁信『日本人のすまい・住居と生活の歴史』(彰国社、一九八三)
日向進『窓のはなし』(鹿島出版会、一九八八)
【I—八】
小川環樹・西田太一郎・赤塚忠『角川新字源』(角川書店、一九六八)
山田勝美『漢字の語源』(角川書店、一九七六)
上田万年・栄田猛猪ほか『大字典』(講談社、一九七六)
白川静『字統　普及版』(平凡社、一九九四)

阪下圭八『歴史のなかの言葉』（朝日新聞社、一九八九）
新村出『新編・琅玕記』（旺文社文庫、一九八一）

【一―九】

池田弥三郎『ことばの中の暮らし』（主婦の友社、一九七七）
大野晋・佐竹昭広・前田金五郎『岩波古語辞典』（岩波書店、一九七四）
岩井宏實『民具の博物誌』（河出書房新社、一九九〇）
井波律子『故事成句でたどる楽しい中国史』（岩波ジュニア新書、二〇〇四）
陳舜臣『弥縫録・中国名言集』（中公文庫、一九八六）
谷本秀康『ナットク英語ひろば』（中国新聞社、一九九五）

【一―一〇】

大野晋『日本語をさかのぼる』（岩波新書、一九七四）
阪下圭八『歴史のなかの言葉』（朝日新聞社、一九八九）
新村出『新編・琅玕記』（旺文社文庫、一九八一）
尚学図書『故事俗信ことわざ大辞典』（小学館、一九八二）
堀井令以知『語源大辞典』（東京堂出版、一九八八）
東儀秀樹『雅楽』（集英社新書、二〇〇〇）
白川静『中国古代の文化』（講談社学術文庫、一九七九）
山口修『故事成語ものしり豆事典』（三笠書房、一九九八）

【一―一一】

山田徳兵衛『日本人形史』（講談社学術文庫、一九八四）
服部幸雄『大いなる小屋』（平凡社、一九八六）
中西進編『古代の祭式と思想』（角川選書、一九九一）
京都文化博物館編『長安―絢爛たる唐の都』（角川選書、一九九六）
奈良文化財研究所・朝日新聞社大阪企画事業部『飛鳥・藤原京展』（朝日新聞社、二〇〇二）
礪波護『唐の行政機構と官僚』（中公文庫、一九九八）
アワ・プラニング編『お雛様を訪ねる旅』（近畿日本ツーリスト、一九九八）
藤田順子『雛と雛の物語り』（暮しの手帖社、一九九三）
藤田順子『母と子のお雛さまめぐり』（美術出版社、一九九三）
佐藤秀夫編『教育・御真影と教育勅語Ⅰ』（みすず書房、一九九四）
安津素彦『国旗の歴史』（桜楓社、一九七二）
大野晋・佐竹昭広・前田金五郎『岩波古語辞典』（岩波書店、一九七四）
網野善彦『日本史再考』（日本放送出版協会、一九九六）
朝日新聞記事（一九七〇年二月一三日付朝刊）

【コラム②】

大場修『風呂のはなし』（鹿島出版会、一九八六）
花咲一男『「入浴」はだかの風俗史』（講談社、一九九三）
喜田川守貞、朝倉治彦編『守貞謾稿　中巻』（東京堂出版、一九七四）
喜田川守貞、宇佐美英機校訂『近世風俗志（守貞謾稿）四』（岩波文庫、二〇〇一）
武田勝蔵『風呂と湯の話』（塙書房、一九六七）

【三―二】
宮島観光協会『舞楽』（一九八八）
柴田南雄『音楽史と音楽論』（放送大学教育振興会、一九八五）
東儀秀樹『雅楽』（集英社新書、二〇〇〇）
東儀俊美『雅楽への招待』（小学館、一九九九）
藤井知昭「Q&A雅楽の左方・右方」『月刊みんぱく（国立民族学博物館編）』（民族学振興会、一九八三年一一月号）
神宮司庁雅楽講習所『舞楽解説』（神道文化会、一九五五）
岸辺成雄『天平のひびき』（音楽之友社、一九八四）
清水淑子「雅楽鑑賞のお誘い」『別冊太陽・雅楽（構成・遠藤徹）』（平凡社、二〇〇四）
芝祐靖監修、遠藤徹・笹本武志・宮丸直子『図説・雅楽入門事典』（柏書房、二〇〇六）
【コラム③】
『週刊朝日百科・日本の国宝』61（朝日新聞社、一九九八）
【三―三】
石川真澄『日本政治のしくみ』（岩波書店、一九九五）
老川祥一編『やさしい国会のはなし　改訂版』（法学書院、一九九四）
前田英昭『国会全書Ⅰ　衆参両院議長・内閣総理大臣』（慈学社出版、二〇〇七）
朝日新聞記事（二〇〇六年三月二五日付朝刊）
山室建徳「国会議事堂と内閣」『見る・読む・わかる 日本の歴史4　近代・現代』（朝日新聞社、一九九三）
山本徹美「永田町」『日録20世紀・1936』（講談社、一九九八）
藤森照信『日本の近代建築（上）幕末・明治篇』（岩波新書、一九九三）
鈴木博之『日本の近代10　都市へ』（中央公論新社、一九九九）
石井研堂『明治事物起原8』（筑摩書房、一九九七）
日本速記協会『日本の速記』一九七一年一月号・小林正紹氏インタビュー記事（日本速記協会）
【三―四】
大場秀章「ヒルガオ科」『週刊朝日百科・植物の世界』第22号（朝日新聞社、一九九四）
根平邦人「植物らせんの左右性の定義」『蟻塔』第29巻第1号（共立出版、一九八三）
鈴木三男「植物の右と左」『週刊朝日百科・植物の世界』第9号（朝日新聞社、一九九四）
田中修「アサガオのツルは、右巻きか左巻きか」『別冊國文學・左右／みぎひだり』（學燈社、二〇〇六）
根平邦人『生物界の左と右』（共立出版、一九九八）
根平邦人「植物界における左右性」『「左と右」で自然界をきる（根平邦人編）』（三共出版、一九九五）
【三―五】
伊藤学編『風のはなしⅠ』（技報堂出版、一九八六）

ＮＨＫ放送文化研究所『改訂版　ＮＨＫ気象ハンドブック』（日本放送出版協会、一九九六）
新田尚・野瀬純一・伊藤朋之・住明正編『気象ハンドブック　第三版』（朝倉書店、二〇〇五）
木村龍治『うずまきがいっぱい』（岩波書店、一九九八）
富永裕久『左と右の科学』（ナツメ社、二〇〇一）
不思議データ調査室『右の不思議？　左のナゾ！』（青春出版社、一九九四）
藤田哲也『たつまき・上』（共立出版、一九七三）
福岡義隆「台風は左巻き、つむじ風は？」『「左と右」で自然界をきる』（根平邦人編）（三共出版、一九九五）
小倉義光『一般気象学第二版』（東京大学出版会、一九九九）

【二―六】
林丈二『路上探偵事務所』（毎日新聞社、一九九〇）
森啓次郎「安野光雅の新・異端審問」『科学朝日』（朝日新聞社、一九九〇年一二月号）
木村龍治『うずまきがいっぱい』（岩波書店、一九九八）
東京大学海洋研究所『海洋のしくみ』（日本実業出版社、一九九七）
大阪商船三井船舶広報室・営業調査室編『海と船のいろいろ　二訂版』（成山堂書店、一九九六）
東嶋和子・北海道新聞取材班『科学・知ってるつもり77』（講談社、一九九六）

【コラム⑤】
日本招福縁起物研究会『開運！　招福縁起物大図鑑』（ワールドマガジン社、一九九七）
斎藤良輔編『郷土玩具辞典』（東京堂出版、一九七一）
石子順造『ガラクタ百科』（平凡社、一九七八）
『サライ』（小学館、二〇〇〇年一月一日号）
『ＱＡ動物大疑問』（平凡社、一九八九）

【三―一】
大蔵省印刷局『改訂版・知っておきたい競馬と法』（大蔵省印刷局、一九九六）
日高嘉継・横田洋一『浮世絵　明治の競馬』（小学館、一九九八）
馬の博物館編『根岸の森の物語』（神奈川新聞社、一九九五）
秋永和彦『横浜ウマ物語』（神奈川新聞社、二〇〇四）
ＪＲＡ競走馬総合研究所編『競走馬の科学』（講談社、二〇〇六）

【コラム⑥】
ルイス・フロイス『ヨーロッパ文化と日本文化』（岡田章雄訳注、岩波文庫、一九九一）
木下順二『ぜんぶ馬の話』（文春文庫、一九九一）
秋永和彦『横浜ウマ物語』（神奈川新聞社、二〇〇四）
佐原真『騎馬民族は来なかった』（ＮＨＫブックス、一九九三）
山田順子『時代考証おもしろ事典』（実業之日本社、

二〇〇六）
【三ー二】
日本プロフェッショナル野球組織ほか編『公認野球規則2007』（ベースボール・マガジン社）
杉本尚次『スタジアムは燃えている』（NHKブックス、一九九二）
佐山和夫『野球はなぜ人を夢中にさせるのか』（河出書房新社、二〇〇〇）
渡辺融「近代ベースボールの成立」『東京大学公開講座・スポーツ』（東京大学出版会、一九八六）
朝日新聞記事（二〇〇〇年六月二七日付朝刊）
平出隆『ベースボールの詩学』（筑摩書房、一九八九）
【三ー三】
寒川恒夫編『図説スポーツ史』（朝倉書店、一九九一）
日本オリンピック・アカデミー編、日本オリンピック委員会監修『オリンピック事典』（プレス・ギムナスチカ、一九八一）
松浪健四郎『おもしろスポーツ史』（ポプラ社、一九八四）
増田靖弘『スポーツ語源散策』（東京書籍、一九八九）
小泉袈裟勝『数と量のこぼれ話』（日本規格協会、一九九三）
川本信正「陸上トラック左回り考」（日本経済新聞、一九七八年一月一三日付朝刊）
日本オリンピック委員会広報誌『OLYMPIAN』第一巻第九号（一九九二年一一月）
尾縣貢「トラック左回りの謎」『陸上競技マガジン』54巻7号（ベースボール・マガジン社、二〇〇四年六月）
前原勝矢『右利き・左利きの科学』（講談社、一九八九）
野田雄二『足の裏からみた体』（講談社、一九九八）
平沢彌一郎『足の裏は語る』（筑摩書房、一九九一）
科学朝日編集部「スポーツにみる足と手の利き」『科学朝日』一九八五年一一月号特集・右と左―この不均衡な世界（朝日新聞社）
奈良重幸「陸上競技のトラックはなぜ左まわりなのか」『スポーツ史講義（稲垣正浩・谷釜了正編）』（大修館書店、一九九五）
日本体育協会監修『最新スポーツ大事典』（大修館書店、一九八七）
【三ー四】
R・カイヨワ『遊びと人間』（清水幾太郎・霧生和夫訳、岩波書店、一九七〇）
中藤保則『遊園地の文化史』（自由現代社、一九八四）
林丈二『路上探偵事務所』（毎日新聞社、一九九〇）
マーティン・ガードナー『新版・自然界における左と右』（坪井忠二・藤井昭彦・小島弘訳、紀伊國屋書店、一九九二）
橋爪紳也『日本の遊園地』（講談社現代新書、二〇〇〇）
吉見俊哉『博覧会の政治学』（中公新書、一九九二）
【三ー五】
三輪茂雄『ものと人間の文化史・臼』（法政大学出版局、

一九七八）
三輪茂雄『粉の文化史』（新潮選書、一九八七）
大塚滋『パンと麺と日本人』（集英社、一九九七）
三輪茂雄『粉と粒の不思議』（ダイヤモンド社、一九八一）
三輪茂雄『増補　石臼の謎』（クオリ、一九九四）
柳田国男『改訂版・日本の昔話』（角川文庫、一九六九）
関敬吾編『桃太郎・舌きり雀・花さか爺』（岩波文庫、一九五六）
坂本太郎・家永三郎・井上光貞・大野晋校注『日本書紀・下』（岩波書店、一九六五）
中村雄三『道具と日本人』（PHP研究所、一九八三）
村松貞次郎『道具と手仕事』（岩波書店、一九九七）

【三－六】
鳥越憲三郎『原弥生人の渡来』（角川書店、一九八二）
楠本正『玄界の漁撈民俗』（海鳥社、一九九三）
民俗学研究所編『年中行事図説』（岩崎美術社、一九七五）
吉田禎吾『魔性の文化誌』（研究社出版、一九七六）
野村史隆「トリカジ」『日本民俗大辞典・下』（福田アジオほか編）』（吉川弘文館、二〇〇〇）
野村史隆「オモカジ」『日本民俗大辞典・上』（福田アジオほか編）』（吉川弘文館、一九九九）
可児弘明『船に住む漁民たち』（岩波書店、一九九五）
松永和人『左手のシンボリズム』（九州大学出版会、一九九五）

【三－七】
山折哲雄『キーワードで読み解く最新宗教学入門』（たま出版、一九九六）
宮坂宥勝『暮らしのなかの仏教語小辞典』（筑摩書房、一九九五）
宮元啓一「卓に向かう右と左」『is・特集食卓のメタファー』（ポーラ文化研究所、一九八五）
黒田日出男「踊り念仏の画像—身体論の視点から」『週刊朝日百科日本の歴史・別冊歴史の読み方①絵画史料の読み方』（朝日新聞社、一九八八）
中森義宗・衛藤駿・永井信一『増補・美術における右と左』（中央大学出版部、一九九二）
宮元啓一『古代仏教の世界』（光文社文庫、一九八九）
西村公朝・飛鳥園『やさしい仏像の見方』（新潮社、一九八三）
松原正毅「ポン教の寺」『月刊みんぱく（国立民族学博物館編）』（民族学振興会、一九九〇年九月号）

【三－八】
堀源一郎「太陽系天体の公転と自転」『右と左—対称と非対称の世界—』（サイエンス社、一九八〇）
西城恵一・洞口俊博『宇宙の質問箱・太陽系編』（誠文堂新光社、一九九二）
渡部潤一『新書で入門・新しい太陽系』（新潮新書、二〇〇七）

富永裕久『左と右の科学』（ナツメ社、二〇〇一）
D・ジューイット、S・S・シェパード、J・クレーナ「不規則衛星だらけの太陽系」『日経サイエンス』二〇〇六年一一月号（編集部訳、日経サイエンス社）

【三－九】
『芸術新潮』一九九三年七月号「特集日本文化を支えてきた相撲の美学」（新潮社）
半藤一利『大相撲こてんごてん』（文春文庫、一九九六）
前原勝矢『右利き・左利きの科学』（講談社、一九八九）
西山賢一『左右学への招待』（風濤社、一九九五）

【コラム⑦】
坂本太郎・家永三郎・井上光貞・大野晋校注『日本書紀・上』（岩波書店、一九六七）
武田祐吉訳註『古事記』（角川文庫、一九五六）
塚崎幹夫『右と左のはなし』（青土社、二〇〇五）
勝俣隆『星座で読み解く日本神話』（大修館書店、二〇〇〇）

【四－一】
朝日新聞記事（二〇〇〇年四月二日付朝刊）
マーティン・ガードナー『新版・自然界における左と右』（坪井忠二・藤井昭彦・小島弘訳、紀伊國屋書店、一九九二）
毎日新聞記事（一九七八年七月三〇、三一日付朝刊）
朝日新聞記事（一九七八年七月三一日付朝刊）
読売新聞記事（一九七八年七月三一日付朝刊）
岡並木『これからのクルマと都市の関係』（ダイヤモンド社、一九八五）
西岡秀雄『東・西・南・北・右・左』（北隆館、一九九六）

【四－二】
箱崎総一『左利きの秘密』（立風書房、一九七九）
玉村豊男『ロンドン旅の雑学ノート』（新潮文庫、一九八三）
折口透『自動車はじめて物語』（立風書房、一九八九）
岡並木『これからのクルマと都市の関係』（ダイヤモンド社、一九八五）

【四－三】
新井節男『運動文化論』（人文書院、一九八七）
原田伴彦『道中記の旅』（芸艸堂、一九八三）
石井研堂『明治事物起原5』（筑摩書房、一九九七）
朝日新聞記事（二〇〇四年一〇月二三日付朝刊）
警視庁史編さん委員会『警視庁史・明治編』（一九五九）
警視庁史編さん委員会『警視庁史・大正編』（一九六〇）
齊藤俊彦『くるまたちの社会史』（中公新書、一九九七）

【四－四】
齊藤俊彦『くるまたちの社会史』（中公新書、一九九七）
朝日新聞記事（二〇〇四年一〇月二三日付朝刊）
加藤孝義『空間感覚の心理学』（新曜社、一九九七）

【コラム⑧】
読売新聞大阪本社『大阪あほ文化学』（講談社α＋新書、二〇〇三）
くりぃむしちゅー『くりぃむしちゅーのあなたはどっち?』

（マガジンハウス、二〇〇四）
横田耕治『旅の尻尾』（小学館文庫、二〇〇四）

【四―五】
宮脇俊三『中国火車旅行』（角川文庫、一九九一）
宮脇俊三『ヨーロッパ鉄道紀行』（日本交通公社出版事業局、一九九六）
海外鉄道技術協力協会編『最新 世界の鉄道』（ぎょうせい、二〇〇五）
菅建彦「鉄道の右側通行と左側通行」（交通新聞、一九九〇年一〇月二九日付）
高橋揚一『ヨーロッパの鉄道』（学陽書房、一九九八）
二村高史・宮田幸治『鉄道の疑問がわかる本』（山海堂、二〇〇二）
宮脇俊三『韓国・サハリン鉄道紀行』（文春文庫、一九九四）

【四―六】
原田勝正『汽車・電車の社会史』（講談社現代新書、一九八三）
原田勝正『明治鉄道物語』（筑摩書房、一九八三）
原田勝正『日本の国鉄』（岩波新書、一九八四）
原口隆行『日本の路面電車Ⅲ廃止路線・西日本編』（JTB出版事業局、二〇〇〇）
中国日報社『大呉市民史・大正篇（上）』（一九五三）
呉市交通局『呉市交通史』（一九五五）
呉市史編さん委員会『呉市史第四巻』（呉市、一九七六）
中国新聞記事（二〇〇〇年二月一六日付夕刊）
大ギモン解明委員会『日本人の大疑問⑩』（平凡社、一九九五）

【四―七】
大阪商船三井船舶広報室・営業調査室編『海と船のいろいろ 二訂版』（成山堂書店、一九九六）
杉浦昭典『海の慣習と伝説』（舵社、一九八三）
上野喜一郎『船の世界史・上巻』（舵社、一九八〇）
中国新聞記事（一九九八年一二月二七日付朝刊）

【五―一】
林美一『時代風俗考証事典』（河出書房新社、一九七七）
『重宝記資料集成　第十巻』「絵入日用女重宝記」（臨川書店、二〇〇六）
外務省外務報道官編『国際儀礼に関する12章　改訂版』（世界の動き社、一九九二）
外務省外務報道官編『やさしい国際儀礼』（世界の動き社、一九八五）
坂本太郎・家永三郎・井上光貞・大野晋校注『日本書紀・下』（岩波書店、一九六五）
宇治谷孟『日本書紀・上・全現代語訳』（講談社学術文庫、一九八八）
山内昶『ものと人間の文化史・食具』（法政大学出版局、二〇〇〇）

【五－二】
服部幸雄『大いなる小屋』（平凡社、一九八六）
相羽秋夫『落語入門』（弘文出版、一九九一）
【五－三】
神社本庁教学研究所監修『神道いろは』（神社新報社、二〇〇四）
青木和夫・稲岡耕二・笹山晴生・白藤禮幸校注『続日本紀二』（新日本古典文学大系13、岩波書店、一九九〇）
山折哲雄「シンポジウム・東アジアにおける日本」『古代の祭式と思想』（中西進編）』（角川選書、一九九一）
松永和人『左手のシンボリズム』（九州大学出版会、一九九五）
千家尊統『出雲大社』（学生社、一九六八）
坂本太郎・家永三郎・井上光貞・大野晋校注『日本書紀・上』（岩波書店、一九六七）
斎藤たま『生とものの け』（新宿書房、一九八五）
宮崎清『ものと人間の文化史・藁Ⅱ』（法政大学出版局、一九八五）
秋道智彌『なわばりの文化史』（小学館、一九九五）
鳥越憲三郎『古代中国と倭族』（中公新書、二〇〇〇）
鳥越憲三郎『古代朝鮮と倭族』（中公新書、一九九二）
小林達雄『縄文の思考』（ちくま新書、二〇〇八）
【コラム⑨】
神社本庁編『神社祭式同行事作法解説』（神社新報社、一九七四）
神社本庁教学研究所監修『神道のしきたりと心得』（池田書店、一九九七）
松永和人『左手のシンボリズム』（九州大学出版会、一九九五）
【五－四】
『歴史街道』一九九二年七月特別増刊号「相撲なるほど歴史学」（ＰＨＰ研究所）
『芸術新潮』一九九三年七月号「特集・日本文化を支えてきた相撲の美学」（新潮社）
金指基原著・日本相撲協会監修『相撲大事典　第二版』（現代書館、二〇〇七）
寒川恒夫編『相撲の宇宙論』（平凡社、一九九三）
新潮社編『大相撲の世界』（新潮文庫、一九八四）
山田知子『相撲の民俗史』（東京書籍、一九九六）
宮本徳蔵『力士漂泊』（小沢書店、一九八五）
【五－五】
ねずてつや『狛犬学事始』（ナカニシヤ出版、一九九四）
三遊亭円丈『ＴＨＥ狛犬！　コレクション』（立風書房、一九九五）
田中淡「宋からきた技術者たち」『週刊朝日百科・日本の国宝53』（朝日新聞社、一九九八）
松島健「金剛力士立像（南大門仁王像）」『週刊朝日百科・日本の国宝53』（朝日新聞社、一九九八）

伊東史朗『日本の美術279・狛犬』（至文堂、一九八九）
西谷大「こま犬の『点』と『線』」『歴博第43号』（歴史民俗博物館振興会、一九九〇）
上杉千郷『日本全国獅子・狛犬ものがたり』（戎光祥出版、二〇〇八）

【五－六】
朝日新聞記事（一九九八年一〇月一八日付朝刊）
桜井満訳注『万葉集・中』（旺文社文庫、一九七四）
大野晋『日本語をさかのぼる』（岩波新書、一九七四）
大野晋・佐竹昭広・前田金五郎『岩波古語辞典』（岩波書店、一九七四）
武田祐吉訳注『古事記』（角川文庫、一九五六）
坂本太郎・家永三郎・井上光貞・大野晋校注『日本書紀・上』（岩波書店、一九六七）
宇治谷孟『日本書紀・上・全現代語訳』（講談社学術文庫、一九八八）
塚崎幹夫『右と左のはなし』（青土社、二〇〇五）
大林太良『神話の系譜』（青土社、一九八六）
勝俣隆『星座で読み解く日本神話』（大修館書店、二〇〇〇）

【五－七】
民俗学研究所編著『改訂綜合日本民俗語彙・第三巻』（平凡社、一九五五）
松永和人『左手のシンボリズム』（九州大学出版会、一九九五）
井之口章次『日本の葬式』（早川書房、一九六五）
池田弥三郎『日本人の心の傾き』（文藝春秋、一九八〇）

【六－一】
ロベール・エルツ『右手の優越』（吉田禎吾・内藤莞爾・板橋作美訳、ちくま学芸文庫、二〇〇一）
ホメロス『オデュッセイア（上・下）』（松平千秋訳、岩波文庫、一九九四）
箱崎総一『左利きの秘密』（立風書房、一九七九）
日本聖書協会『聖書』（一九七一）
池上俊一「足」『歴史学事典第二巻・からだとくらし（尾形勇ほか編）』（弘文堂、一九九四）
池上俊一『歴史としての身体』（柏書房、一九九二）
野村雅一『ボディランゲージの世界』（ポプラ社、一九九三）
水之江有一編『シンボル事典』（北星堂書店、一九八五）
谷本秀康『ナットク英語ひろば』（中国新聞社、一九九五）

【コラム⑩】
立川昭二『からだの文化誌』（文藝春秋、一九九六）
『古野清人著作集第一巻・高砂族の祭儀生活』（三一書房、一九七二）
『古野清人著作集第四巻・原始文化の探求』（三一書房、一九七二）
宮坂宥勝『暮らしのなかの仏教語小辞典』（ちくま学芸文庫、一九九五）

【六―二】
今里智晃『英語の語源物語』（丸善、一九九七）
下宮忠雄・金子貞雄・家村睦夫編『スタンダード英語語源辞典』（大修館書店、一九八九）
マーティン・ガードナー『新版・自然界における左と右』（坪井忠二・藤井昭彦・小島弘訳、紀伊國屋書店、一九九二）
宮元啓一「卓に向かう右と左」『is・特集食卓のメタファー』（ポーラ文化研究所、一九八五）
大野晋『日本語をさかのぼる』（岩波新書、一九七四）

【六―三】
企業OBペンクラブ『国際マナー常識事典』（学習研究社、一九九四）
武田朝子「アラブ・ムスリムの右と左」『化粧文化』第三五号（ポーラ文化研究所、一九九六）
井筒俊彦『コーラン（下）』（岩波文庫、一九六四）
井筒俊彦『コーランを読む』（岩波書店、一九八三）
田中四郎『やわらかなアラブ学』（新潮選書、一九九二）
片倉もとこ『イスラームの日常世界』（岩波新書、一九九一）

【六―四】
島森哲男『四字熟語』（講談社現代新書、一九九五）
奥平卓・和田武司『楽しむ四字熟語』（岩波ジュニア新書、一九九一）
諸橋轍次『大漢和辞典』巻二・巻四（大修館書店、一九八四）
陳舜臣『走れ蝸牛』（二玄社、一九九一）
三浦徹明「左右」『歴史学事典第三巻・かたちとしるし』（黒田日出男ほか編）（弘文堂、一九九五）
小川環樹訳注『老子』（中公文庫、一九九七）
駒田信二『漢字読み書きばなし』（文春文庫、一九九四）
新村出『新編・琅玕記』（旺文社文庫、一九八一）
福永光司『「馬」の文化と「船」の文化』（人文書院、一九九六）

【七―一】
楠原佑介編『難読・異読地名辞典』（東京堂出版、一九九九）
平凡社地方資料センター編『島根県の地名――日本歴史地名大系　第三三巻』（平凡社、一九九五）
平凡社地方資料センター編『山形県の地名――日本歴史地名大系　第六巻』（平凡社、一九九〇）
柳田国男「地名の研究」『定本柳田国男集』第二〇巻（筑摩書房、一九七〇）
東條操『全国方言辞典』（東京堂出版、一九五一）
山中襄太『地名語源辞典』（校倉書房、一九六八）
鏡味完二・鏡味明克『地名の語源』（角川書店、一九七七）
丹羽基二『日本の苗字読み解き事典』（柏書房、一九九四）
牧英夫『世界地名の語源』（自由国民社、一九八〇）
宮元啓一「卓に向かう右と左」『is・特集食卓のメタファー』（ポーラ文化研究所、一九八五）
牧英夫『世界地名ルーツ辞典』（創拓社、一九八九）

田尻敦子・木下徹・小島隆矢「〝幸福のアラビア〟の住人」『季刊民族学』八四号（国立民族学博物館監修、千里文化財団、一九九八）

【七―二】
渡辺三男『日本の人名』（毎日新聞社、一九六七）
高島俊男『お言葉ですが…　⑦漢字語源の筋ちがい』（文藝春秋、二〇〇三）
森本繁『歴史紀行「忠臣蔵」を歩く』（中公文庫、一九九九）
尾崎秀樹『日本史異説一〇〇選』（秋田書店、一九七三）
『サライ』（小学館、一九九八年二月五日号）

【七―三】
植村峻『お札の文化史』（NTT出版、一九九四）
大蔵省印刷局『お札なぜなぜ質問箱』（大蔵省印刷局、一九九〇）
加藤孝義『空間感覚の心理学』（新曜社、一九九七）
長尾みのる『視覚のいたずら』（小学館、一九九九）
『週刊朝日』一九九〇年五月二五日号「女性の顔は左半分が美しい」
西原克成「顔の左右差と健康―原因と解決策―」『化粧文化』三五号（ポーラ文化研究所、一九九六）
香原志勢『人類生物学入門』（中公新書、一九七五）

【七―四】
黒田玲子『生命世界の非対称性』（中公新書、一九九二）
香原志勢「顔の左右対称性と魅力」『化粧文化』三五号（ポーラ文化研究所、一九九六）
柳澤桂子『左右を決める遺伝子』（講談社、一九九七）
波部忠重『貝の博物誌』（保育社、一九七五）
大場秀章ほか『東大講座すしネタの自然史』（NHK出版、二〇〇三）
マーティン・ガードナー『新版・自然界における左と右』（坪井忠二・藤井昭彦・小島弘訳、紀伊國屋書店、一九九二）
根平邦人『生物界の左と右』（共立出版、一九九八）
重中義信「動物界における左と右」『「左と右」で自然界をきる』（根平邦人編）』（三共出版、一九九五）
前原勝矢『右利き・左利きの科学』（講談社、一九八九）
正木進三「右羽で鳴くコオロギのなぞ」『科学朝日』一九八五年一一月号特集・右と左―この不均衡な世界（朝日新聞社）
吉原耕一郎「チンパンジーにも手の分業」『科学朝日』一九八五年一一月号特集・右と左―この不均衡な世界（朝日新聞社）

【七―五】
香原志勢「人類における左右性」『右と左―対称と非対称の世界―』（サイエンス社、一九八〇）
香原志勢『人類生物学入門』（中公新書、一九七五）
吉岡郁夫『人体の不思議』（講談社現代新書、一九八六）
大島清『性は生なり』（講談社、一九九五）
前原勝矢『右利き・左利きの科学』（講談社、一九八九）

香原志勢『顔の本』(講談社、一九八五)
香原志勢『NHK市民大学・身体の履歴書』(日本放送出版協会、一九八六)
香原志勢『顔と表情の人間学』(平凡社、一九九五)
香原志勢「日本人の表情」『顔を科学する!』(馬場悠男・金澤英作編)』(ニュートンプレス、一九九九)
埴原和郎編『日本人新起源論』(角川選書、一九九〇)
馬場悠男『NHK知るを楽しむ・「顔」って何だろう?』(日本放送出版協会、二〇〇九)

【七―六】

丹羽基二「旗と家紋の武功・由来譚」『歴史と旅』一九八五年一二月号(秋田書店)
宮坂宥勝『暮らしのなかの仏教語小辞典』(筑摩書房、一九九五)
泡坂妻夫『卍の魔力、巴の呪力』(新潮選書、二〇〇八)
岡泰正『身辺図像学入門』(朝日選書、二〇〇〇)
森護『ヨーロッパの紋章・日本の紋章』(NHKブックス、一九八二)
永ノ尾信悟「右卐と左卍はどう違うのか」『一〇〇問一〇〇答・世界の民族』(月刊みんぱく編集部編)』(河出書房新社、一九九六)
山折哲雄『キーワードで読み解く最新宗教学入門』(たま出版、一九九六)
荒俣宏『「しるし」の百科』(河出書房新社、一九九四)
丹羽基二『家系の秘密』(PHP研究所、一九八〇)
千田稔『うずまきは語る』(福武書店、一九九一)
松岡正剛「バツを尋ねる」『バツ×の時代×の文化』(工作舎、一九八一)
柳田国男「阿也都古考」『定本柳田国男集』第一八巻(筑摩書房、一九六九)
常光徹『歴博ブックレット・親指と霊柩車―まじないの民俗―』(歴史民俗博物館振興会、二〇〇〇)
岡田保造「謎の×刻印」(読売新聞、一九九一年五月七日付夕刊)
岡田保造『魔よけ百科』(丸善、二〇〇七)

おわりに

手元に、使い続けて綴じ目がほどけた一冊の大学ノートがある。表紙には手書きで「左右」の二文字。めくると古くは一九七三年二月二四日付の新聞記事を貼《は》っている。記事の切り抜きのほか、本のコピー、取り寄せた資料、問い合わせに対する回答、取材のメモ、みずからの考え……右と左に関するあらゆる事柄をその都度、ノートに収めてきた。この雑然とした「一切合財帳」は現在一三冊を数える。飽きっぽい性格だが、「左右」とはよほど相性がよいのか、いつしか長い付き合いとなった。

左右探究に本腰を入れ始めたのは一九八六年のこと。民放でテレビ番組を制作していて、たまたま担当日が三月三日にあたった。そこで内裏雛の左右を露払いに、広く「右と左の不思議」を取り上げて放送。三〇分の特集は大きな反響があり、手ごたえを覚える。と同時に、左右にはいかに謎が多いことか、と痛感させられた。

この番組を機に、わたしは誘われるように「左右」の深い森に入っていった。ところが、そこはとんでもない秘境――。さ迷いながら、気がつけば探検の妙味にはまっていた。

「左右」で、異なる分野を貫けば、何かが見えてくるのでは――。混沌のなかからそんな構想が芽生え、いつか、ものしてみたいと思うにいたった。

左右の世界は手ごわい。調べても、なおその正体は解明できないことが多い。そこで、本書は視点をできるだけたくさん示した。勇み足覚悟で、わたしなりの仮説もまじえた。謎解きのときめきを共に感じていただきたいと、全体構成にも工夫を凝らしたつもりである。そして、各節の主な引用・参考文献は巻末にまとめた。「左右学」を深めるために活用してくだされば、ありがたい。本書が今後、幅広い視野で左右を探究する一助になれば、本望である。

本書の刊行にいたるまで、三つの節目があった。

一つ目は一九九八年度から担当した大学講義。当時、広島大学教授で総合科目の連続講座「自然界における左と右」の実施責任者を務めていた根平邦人さん（植物生態学）とは旧知の間柄だった。その根平さんから、講座で話をしてみないか、とお誘いがあった。知られざる左右を伝えたいという一心でお引き受けした。名づけたタイトルは「くらしのなかの右左」。本書の書名の伏線はここにある。講義を前に内容を吟味し、裏づけの取材を重ねた。このとき蓄えた資料がその後に生きた。

二つ目は縄文塾の塾長・中村忠之さんのご厚意である。編集・発行している月刊誌『縄文通信』に寄稿の場を与えてくださった。「右か左か……」をテーマに連載し、二〇〇七年二月に五〇回で完結。これが礎石になり、上梓につながった。

三つ目は県立広島大学教授・友定賢治さんの橋渡し。方言・育児語の研究者であり長年の友人である友定さんに、それとなく出版の希望を漏らした。すると、すばやい行動でこの企画は東京堂出版へ。おかげで一介の〝左右道楽〟が日の目をみた。

本書をまとめるにあたり、畏友の比較文化学者・金文学さんの励ましはうれしかった。構成のよき相談相手であり、会えばいつも、刊行を心待ちにしている、と温かい言葉をかけてくれた。数え切れないほどの研究者や博物館、団体、企業などから、質問に対する回答や助言、貴重な資料・写真を頂戴し、併せて参考図書も紹介していただいた。また、学校の同期生で会社経営者の三村邦雄さんをはじめ多くの友人・知人がセミナー開催の際、「左右の不思議」をテーマに講師として招いてくれた。質疑応答はじつに刺激的だった。こうしたみなさんの心遣いと支援のうえに本書は体裁を成すことができた。感謝申し上げたい。

さらに、原稿の内容について専門家の方々から懇切丁寧な指導を賜った。日本はきもの博物館主任学芸員・市田京子さん、JRA競馬博物館学芸員・日高嘉継さん、広島大学大学院教授・今里智晃さん（英語史）、広島大学大学院教授・三浦正幸さん（日本建築史）、北京出身の広島大学外国語教育研究センター教授・李国棟さん（比較文化）、そして広島護国神社の神職・潮康史さん。それぞれのご教示がどれほど心強かったことか、ここに記し深甚なる謝意を表する。

おしまいに、編集の労をとり拙稿を世に送り出してくださった東京堂出版の渡部俊一さん、酒井香奈さんにお礼を申し上げる。

●著者紹介

小沢康甫（おざわ・やすとし）

一九四七年広島県大竹市生まれ。慶応大学経済学部卒業。銀行勤務の後、中国放送に入社。人事部長、財務部長、報道センター長などを経て二〇〇七年退職。この間、あいテレビ報道制作部長、広島大学総合科学部非常勤講師を務める。現在、編集者。『瀬戸内海事典』（南々社、二〇〇七）を共同企画・編集、分担執筆。

暮らしのなかの左右学

二〇〇九年一〇月一〇日　初版発行
二〇一〇年　五 月三一日　再版発行

著　者　小沢康甫（おざわ・やすとし）

発行者　松林孝至

発行所　株式会社東京堂出版
〒一〇一-〇〇五一
東京都千代田区神田神保町一-一七
電話〇三-三二三三-三七四一
振替〇〇一三〇-七-二七〇

印　刷　株式会社平文社
製　本　渡辺製本株式会社

ISBN978-4-490-20681-4 C0039